青弓社ライブラリー 96

なぜ女性管理職は少ないのか

女性の昇進を妨げる要因を考える

大沢真知子［編著］
日本女子大学現代女性キャリア研究所［編］

青弓社

なぜ女性管理職は少ないのか

女性の昇進を妨げる要因を考える

目次

装丁――Malpu Design［清水良洋］

序章　女性と管理職をめぐる現状

大沢真知子

はじめに

日本の人口は二〇〇〇年代前半をピークに減少が始まっている。二十一世紀は性差を超えて一人ひとりが自分の潜在能力を最大限に生かして生きる時代になる。潜在能力には男女差よりも個人差が大きいにもかかわらず、日本ではリーダーのポジションに就いている女性が非常に少ない。それが、日本を国際的にみてもジェンダー格差が大きい国にしているとともに、日本の経済発展の阻害要因にもなっている。

日本女子大学現代女性キャリア研究所では、二〇一七年十二月に「女性はなぜ管理職になりたがらないのか」と題するシンポジウムを開催し、社会心理学・社会学の専門家を招いて、なぜ管理職に占める女性比率が低いのかについて議論した。本書は、そのシンポジウムでの議論をもとに新たな一章を加えたものである。

一般的に女性はリーダーや管理職になりたがらず、リーダーの経験も少ないことが管理職の女性比率を低くしているといわれる。しかし、職業関心領域についてみてみると、組織経営や経営管理の仕事に対する興味には、基本的に男女の違いが見られない（第1章「女性の昇進を阻む心理的・社会的要因」〔坂田桐子〕）。また、小学校から高校・大学時代までのリーダー経験数も男女でそれほど変わらない。ということは、社会人になってからは女性よりも男性のほうがリーダー経験数が多くなるということを意味している。

大槻奈巳らが二〇一五年から五年間連続で同じ対象者へのパネル調査を総合職の男女に実施した結果によると、管理職になりたいと考えているのは、入社一年目では、男性の九四%、女性の六七%だが、二年目になると男性八六%、女性五〇%になっていて、男女ともにその比率が減るだけでなく、下落幅は女性のほうが大きい（第2章「女性管理職の声から考える——管理職志向の変化と職場重視モデル」〔大槻奈巳〕）。

男女ともに、自分の仕事が将来のキャリアにつながる仕事だと考えている場合には、管理職志向が高くなる。だが、例えば女性はバックオフィスで男性の仕事を補佐するような、男性よりもキャリアにつながらない仕事に就いている傾向がある。加えて、「家族を養うのは男性の役割」と考えている女性は管理職志向が低い傾向にある。

さらに、女性の場合は働きやすい職場だと感じられることが重要であり、「結婚、子どもの誕生後もいまの会社で長く働き続けたい」と思っている女性は管理職志向が維持されるが、そう思わない場合は意欲を失うケースがみられる。このことから、女性が働きやすいと感じられる組織風土があることが重要だとわかる。

また、紹介されている別の調査の結果では、男性は高い年収を得ている人のほうが、女性は職を失う不安をもつ人のほうが管理職志向が高い。しかし、男女ともに、専門能力を身につけたいと考えている人ほど管理職志向も高い。

これらの点から、女性の昇進意欲を高めるためには、①チャレンジングな仕事や昇進に結び付くような経験をすることで自己効力感や自信が高まること、②上司（組織）からの承認や支持が得られていると感じられていること、つまり職場のなかで承認や受容を得ることによって組織での所属感が得られることが重要だと指摘されている。

第2章では女性の昇進意欲に関する最近の調査結果とともに、実際に管理職として働いている五人へのインタビューを通じて、どのようにして彼女たちが仕事の経験から自己効力感を得たのかについて、その実体験を紹介している。

女性は男性に比べて自己効力感が低いと言われる。ここでいう自己効力感の辞書的説明は、自分の行為についてその主体は自分であるとの信念、あるいは確信で、例えば困難に直面したときにどれだけ耐えられるか、ということを決定づける力のことをいう。

第1章と第3章「性差を超えた新たなリーダーシップ構築を」（本間道子）では、社会のなかで女性が自己効力感（自信）を得ることを難しくしている要因として、社会にジェンダー・ステレオタイプの存在があることを指摘している。

1　ジェンダー・ステレオタイプ

実際の社会では、「女性」「男性」という社会的に作られたカテゴリーが存在している。男性のステレオタイプは、自信、独立、冒険的、支配、強さ、競争など、心理学では作動性や道具性と呼ばれる概念で構成している一方、女性のステレオタイプは、配慮、相互依存、温かさ、養育、従属性、協力など、共同性や表出性という概念で構成している（第1章）。

この概念のなかには、個人がめざすべき特質だけではなく、生計を維持する役割（道具性）が男性であり、愛情を注いで家族の世話をする役割（表出性）は女性という、男性と女性が「相補的な関係」にあることを示すだけでなく、男性がリードして女性が従うという階層性が暗に含まれている。この概念は時代とともに変化しながらも、男性＝作動性、女性＝共同性という概念はいままでのところ根本的には変化していない。これが、「女性」と「リーダーシップ」との不適合を生じさせることになる。

しかし、実際の管理職には作動性や道具性といった男性性が求められるだけではなく、女性の特質とされる共同性や表出性も同時に必要とされている。それにもかかわらず男性＝管理職というイメージが作られがちなのは、リーダーシップ構成要因のなかでも権力、管理、統率性などが強調され、結果的に男性が多いことでそのようなイメージを社会が作り上げてしまっているのではないかと第1章で論じている。

第3章では、リーダーシップのあり方が変化していて、実は女性のほうがリーダーとして優れているという研究成果があることを報告している。

実際の現場では、部下がそれぞれの欲求を自覚し、それに従って能力を伸ばして力を発揮するように促すことがリーダーに求められるようになっていて、そのためには社会感受性やコミュニケーション・スキルが必要になる。そして、その能力は一般に女性のほうが優れているという。また、女性は道徳的で公正を重んじ、また、自己奉仕的であって権威には拘泥しない。つまり、いま時代は女性管理職を求めているとも言えるのである。事実、第4章「ダイバーシティ&インクルージョンの必要性とその課題」で筆者が紹介しているカルビーのシニアマネジャーの松本晃氏も、権威に対する執着度に男女差があることを指摘している。

また、「いい管理職」のイメージは男性性と強く結び付いており、職階が上になるほど管理職のイメージが男性性と強く関連しているとはいうものの、近年になるほどこの関連性は弱まっている。女性管理職の増大によるだけでなく、近年になって管理職に求められる役割が変化しているからだという（第1章）。

ステレオタイプ脅威

とはいうものの、実際の現場でのリーダー＝男性というイメージは根強く、女性のリーダーが男性的なリーダーを演じるとバッシングに合いやすい（第3章）。そうした背景によって、女性が制裁を恐れて、リーダーになりたがらないという問題が生まれる。

さらに、心理学の実験では、グループメンバーにあらかじめ性差がある可能性に言及して試験をおこなう場合と、言及しない場合とでは試験の結果が異なることを報告している。ジェンダー差なしの条件で数学のテストを実施した場合にはスコアーに男女差が出なかったにもかかわらず、ジェンダー差ありの条件では女性の成績は男性に比較して低くなったという。「○○の人々は××の能力が劣っている」という、否定的なステレオタイプが存在する集団ではパフォーマンスの低下が生じることをこの結果は示しているといえる。

パフォーマンスを高めるためには、性によるステレオタイプのイメージから解放されることが必要になる。ステレオタイプ脅威は女性ステレオタイプ的なコマーシャルに接触することでも起き、女性のリーダーシップ志望の低下をもたらすと言われている。

例えば、二〇一九年二月二十四日付の「朝日新聞」のデジタル版には、グリコの子育て用アプリのサイトが女性蔑視だとして炎上した記事を掲載している。(1)

グリコが二〇一九年二月四日から、夫婦がともに育児をする目的で夫婦の意識のズレを解消したいと、無料アプリのサービス提供を始めた。問題になったのはこのなかの「パパのためのママの気持ち翻訳」である。「男性脳と女性脳では回路のかたちや記号の種類がちがうので、おなじ入力に対しての出力も変わってくる」として、妻が怒ったときの八パターンについて妻の気持ちが翻訳され、夫への助言がなされている。その一つ、「仕事と家庭どっちが大事なの？」という妻の怒りに対しては「寂しい思いをさせてごめん、と謝って。ママに仕事のグチを打ち明けてあげよう」という助言が付け加えられている。このような翻訳に対して、「ステレオタイプ」「女性蔑視」との批判が数多く寄せられて炎上した結果、このウェブサイトは取り下げることになった。

さらに、記事の最後には脳科学の専門家のコメントが付け加えられていて、いまの脳科学では、脳機能に関する男女の平均に差が出ることはあるが、個人差のほうが大きいことが定説になっていると述べている。

2　評価者に存在するジェンダーバイアス

第1章と第3章では、職場で部下を評価する評価者（上司）が、部下の仕事での実際の成果よりも、ステレオタイプのイメージに沿った評価をしがちであり、その結果、成果主義の賃金制度を用いている企業ほど（ほかの要因を一定として）男女間の賃金格差が大きくなることが実証されている。第2章の女性管理職インタビューのなかで、Cさんが女性の管理職を増やすためには、「長い時間働く」ではなく、「成果で評価」されるようにならなければならない、そうでないと女性はいつまでたっても男性と同じ土俵にも立てない、と述べている。いままさに、評価者の意識改革が必要になっている。

性差別の二つのタイプ

性差別には敵意的性差別主義（hostile sexism）と好意的性差別主義（benevolent sexism）があると言われている（第1章、第3章）。敵意的性差別主義は「女性がセクシュアリティやフェミニズムによって男性を統制し、男性がもつ勢力を奪おうとしている、という敵対的な男女関係の見方や、女性に対する反感を示す」ものである（第1章）。これに対して好意的性差別主義は、伝統的女性役割を受け入れている女性を、保護され崇拝されるべき純粋な存在と見なす、好意的で騎士道的なイデオロギーである（第1章）。一見すると女性を崇拝する態度のようにみえるものの、実際には女性を男性よりも弱いものと捉えて女性を伝統的女性役割へと押し込み、男女格差を「心地よく」合理化するはたらきをもつものという。敵意的性差別主義と好意的性差別主義には相関性があり、これらのスコアーが高い国ほど、ジェンダーエンパワーメント指数が低いことが指摘されている。

好意的性差別主義がはらむ危険性

興味深いのは、一見差別だと認識されにくい好意的性差別のほうが深刻な影響を及ぼしやすく、女性に自己疑念や自尊心の低下をもたらしやすいのだという。好意的性差別は女性を称賛しながらも、「女性は無能である」という見解を暗黙に含んでいて、女性の自尊心を低下させて昇進意欲の低下をもたらし、結果的に管理職の女性比率を低下させる要因の一つと考えられている。

日本の職場ではコース別人事制度などを設けて、女性に責任の重い仕事や体力的にきつい仕事を最初から割り振らない傾向があることを第2章でも指摘している。また、管理職の父権的温情主義（パターナリズム）に基づく言動が、女性に「キャリアアップを期待されていない」という感覚をもたらし、昇進意欲を減退させていることが例として挙げられている。

また、「女子力」や「女性らしさ」を称揚して、女性の男性的な行為を非難する行為（伝統的女性役割期待）は、女性の自尊感情を低下させる。

例えば、「女子力」という言葉は二〇〇九年に流行語大賞にノミネートされているが、職場でそれが使われると女性蔑視につながりやすい。一七年に過労自殺した電通の女性新入社員が命を絶つ前に「目が充血したまま出勤するな」「女子力が低い」と言われたと報道されている。それが自殺の直接の引き金になったわけではないが、ステレオタイプの女性像と好意的性差別が組み合わさって、女性に自信を失わせたであろうことは想像にかたくない。

つまり、組織に女性を活躍させる職場の風土や制度があっても、管理職の意識（必ずしも意識上ではない）のなかに、好意的性差別としてのパターナリズムがある場合には、部下の女性の昇進意欲は低くなってしまうということである。

このように、組織のなかには女性の昇進意欲を減退させる要因がいろいろと存在する。この影響を緩和するためには、以下の諸点が重要である。

①女性自身が経験を積んで自己効力感を高めることである。自己効力感とは単なる思い込みではなく、「成果を生み出すのに必要な一連の行為を組織し、実行する自身の能力」のことを指す。リーダーシップを発揮する経験を積み重ねることで、自己効力感が育まれる。

②管理職に対する考え方を変える必要がある。第2章で紹介している管理職インタビューでは、先入観をもたずに「想定外の波」がきたらそれに乗ってみるという表現で、状況に合わせて自身の考え方を柔軟に変えていく管理職女性の体験を紹介している。

③ロールモデルの必要性である。きわめて優秀なスーパーウーマンは、自己効力感がもともと高い女性にはプラスの影響をもたらすが、まだリーダーシップに対して自信をもてないでいる女性に対しては、とうてい自分には無理だとリーダーシップへの道を諦めさせてしまう場合がある。そのために、職場に多様なロールモデルが存在する必要があり、適切なロールモデルを提示することが必要なのである。

④好意的性差別をなくすために管理職研修を実施することである。たとえば、育児中の女性にチャレンジングな仕事を割り当てることをしない、女性には主に女性が就いている仕事を割り当てるなどは好意的性差別にあたる。そのことによって、女性の昇進意欲が低下していることは、第2章の調査結果によって実証されている。先入観やステレオタイプのイメージを用いて個々人を判断しないように気をつける必要がある。

これらのことを実行するためには、人材の育成方針を「男性」「女性」と分けるのではなく、「女性あるいは男性のなかの多様性」を認識し、一人ひとりと話し合いをしたうえで仕事やキャリアについて話すことが重要だと第1章で述べている。P&Gという会社は早い時期から女性人材の育成に取り組み、ダイバーシティ経営を取り入れているが、ダイバーシティ研修の核をなしているのは、無意識のうちに抱いているさまざまな偏見を取り払うための管理者と部下との間の双方向のコミュニケーション力の強化である。

3　性差を超えた新たなリーダーシップの導入が求められている

グループ内の多様性に目を向けることが重要なのは、リーダーシップが発揮できる能力には男女差よりも個人差のほうが大きいからである。

過去二十年間のリーダーシップに関する男女間比較四十六編百二十四ケースをもとにメタ分析をおこなったところ、男女差はそれほど見られず、むしろ男性や女性といったカテゴリーのなかでの個人の違いが大きいことがわかったのである（第3章）。第4章で紹介するカルビーのシニアチェアマンの松本晃氏も、管理職の適性に男女差はないことを指摘している。しかし、伝統的な女性のイメージ（ステレオタイプ）を維持したままでは人口の半分を占める女性の潜在能力を開花させ、企業経営に生かすことができない。それでは日本の企業は生き残れない時代がきている、と述べている。

統計的差別

とはいうものの、実際の社会ではいまだに、グループ分けをし、その特徴をもって個人を判断しがちである。例えば、東京医科大学は、「女性は妊娠や出産というライフイベントがあるので、将来的に大事なポジションにつくものが男性に比べて少ない」という前提で入学試験の女子受験生のスコアを一律に下げていた。このような差別は、心理学では統計的差異化といい、経済学では統計的差別という。

しかし、第3章で述べているように、実際には同じ女性のなかに多様性が見られるのであり、女性を一律に差別すると有能な人材を失うことになる。

古今東西、男性・女性というカテゴリー分けは生理学的側面もあり、男女間の違いへの注目は根強い。男性・女性をそのカテゴリーだけに押し込めてしまい、そのほかのもろもろの個人の特性・資質を見失わせる。そして、それによる損失の大きさに気づいた企業がいま、多様な人材のもつ異なる資質を経営に生かすダイバーシティ経営に向けて舵を切っている。

4　日本はいま、時代の転換点に立っている

いま日本は、男性が働いて女性が家を守る伝統的な役割分業社会から、男性も女性も仕事と家事

をおこなう社会の役割革命の入り口に立っている（第4章）。革命という言葉を使っているのは、社会の土台を形成している社会規範にまで変化が及ぶからである。

しかし、実際の社会では、性別役割分業の意識が根強く残っている。本間道子は、管理職比率にジェンダーギャップが生み出される理由を、社会的要因、個人要因、組織要因に分類し、それらの要因が相互に影響してジェンダーギャップが生み出されていると述べている。[2] このなかの社会的要因とは社会規範をさす。

この相関関係が重要なのは、日本の社会では、性別役割分業が社会や個人の意識に影響を与えているだけでなく、組織の昇進の構造や処遇にも大きな影響を与えているからである。

エッセイストの酒井順子は、日本の社会を「男尊女子社会」と呼んでいる。社会規範に縛られているというよりは、そのほうが楽に生きられるという理由で、いま多くの女性たちは意識的に男性を立てているという。[3] 女性にそのような行為を自発的にとらせているのは、日本の組織が父権的温情主義（パターナリズム）によって成り立っているからである。

そのため、乱暴な言い方をすれば、現代社会は、女性にとっては一歩引くと楽に生きられる社会になっていて、対等であろうとするとバッシングを受けやすい社会だとも言える。また女性自身も、自分が否定的なステレオタイプの女性だと見られていると考えて一歩引いてしまいやすい。その結果、好意的性差別が温存されることになる。また、上司からのセクハラ行為があっても上下関係が存在する場合には女性側も声を上げにくく、それが高じると仕事の遂行が難しくなり、被害者が離職するという事態が起きやすい状況がある。

そのような土壌があるにもかかわらず、最近は女性側からのセクハラ告発が続いている。#MeToo 運動をきっかけとして、女性側もいやなことをいやと言ってもいいという機運が日本でも少しずつ生まれている。

第4章では、セクハラ被害者のカウンセリングにあたっているウィメンズカウンセリング京都代表の井上摩耶子氏にセクハラが起きる背景について聞いている。インタビューのなかで井上氏は、日本の女性たちの多くが他者を尊重しすぎて（空気を読みすぎて）自己を尊重していないことの問題を指摘する。自己尊重をしなければ自己効力感を高めることができない。女性自身も男尊女子から自身を解放し、自己尊重女子へと変化することが求められている。

第2章の管理職インタビューには、それに公然と立ち向かって自ら機会を勝ち取っていく女性たちの経験を紹介している。インタビューから見えてくるのは、はじめから管理職への昇進意欲があったのではなく、上司に機会を与えられてその自覚が生まれ、自分の判断で仕事ができるようになったことで仕事の面白さに目覚め、自分に自信がもてるようになる経験をしている点である。

また、管理職になると忙しくなり、私生活を犠牲にしなければならないと言われるが、実際に管理職になってみると、自分で時間の管理ができることから働きやすくなるという声も紹介されている。

今後をみると、人口減少社会のなかでの人材不足に対応するために男性を含めて多様な働き方を認める機運が高まってきていること、また、仕事と家庭を両立させるための両立支援制度が充実してきていること、社会や企業のなかにも変化が見られ、ＩＴ（Information Technology）などの導入によって情報格差が縮小し、指揮系統の平準化が起きていることなどによって、女性が活躍できる土壌も作られつつあるように思う。また、若い世代では、性別役割分業意識にも多様化が見られ、育児に積極的に関わる男性も少しずつ増えている。

さらに、企業組織におけるリーダーシップのあり方にも変化が見られる。時代は部下のそれぞれの潜在能力を伸ばし、その能力を発揮し、個人の成長を促す新たな変革型リーダーシップを求めている。そのためには社会感受性やコミュニケーション能力が必要であり、女性はその能力が優れているといわれる。

性差を超えてそれぞれが自分の潜在能力を伸ばして活躍できる社会が実現できれば、男性中心社会の限界を超えて日本の組織に漂う閉塞感を打ち破ることができる。管理職の女性比率を増やすということは、男性にとっても働きやすい職場が実現されることにつながり、時代の変化に適した組織作りに資すると言えるだろう。性差を超えて多様性を生かした新たなリーダーシップを構築する時代が、いま、きている。

注

（1）「「女性脳」グリコのサイトに批判　専門家は「非科学的」」「朝日新聞 DIGITAL」（https://digital.asahi.com/articles/ASM2R5JJ9M2RULFA002.html）［二〇一九年二月二十五日アクセス］

（2）本間道子「我が国におけるリーダーシップの現状と社会心理学的背景」、日本女子大学現代女性キャリア研究所編「現代女性とキャリア――日本女子大学現代女性キャリア研究所紀要」第二号、日本女子大学現代女性キャリア研究所、二〇一〇年、四三―六五ページ

（3）酒井順子『男尊女子』集英社、二〇一七年

第1章　女性の昇進を阻む心理的・社会的要因

坂田桐子

女性の管理職がなかなか増えない現状に対して、さまざまな分野で研究がおこなわれている。本章では、社会心理学と産業・組織心理学の観点から、女性がなぜ昇進を拒むのかを考えたい。

1　女性の昇進意欲に関する先行研究の知見

管理職に占める女性の割合が低いという現象は多くの国で共通しているが、先進諸国のなかでも日本のそれは群を抜いて低い。『データブック国際労働比較2017』によると、日本での全就業者に占める女性の割合は四三・二%と、フランス(四八・三%)やアメリカ(四六・八%)などの欧米諸国に比べてそれほど低いわけではない。しかし一方、管理職に占める女性の割合は、日本では一二・五%にとどまり、フランス(三一・七%)やアメリカ(四三・六%)などの欧米諸国、あるいはフィリピン(四六・六%)、シンガポール(三四・〇%)などほかのアジア諸国と比べて、非常に低い状態にとどまっている。[1] このような現状の一端は女性自身が昇進を望まないことにある、と考えられている。実際、労働政策研究・研修機構が従業員三百人以上の規模の企業の非役職者を対象に実施した調査では、課長相当職以上への昇進希望をもつ女性の割合はわずか一〇・四%(男性は五九・四%)だった。[2] 本節ではまず、女性の昇進意欲が低い理由について考える。欧米の研究知見も概観するが、日本の社会や組織の状況が欧米諸国やほかのアジア諸国とは異なると考えられるため、日本国内でおこなわれた女性の昇進意欲に関する先行研究を中心にみていく。

女性は就職前からリーダー・ポジションを避けているのか

一般的に、女性はリーダーや管理職になりたがらず、そのためにリーダー経験も少ないと考えられている。しかし、それは事実なのだろうか。ジョン・ホランドによれば、職業興味領域は表1に示す六領域に分けられる。[3] この六領域は図1に示すような六角形に布置され、さらに「人—モノ」次元と「データ—アイデア」次元で規定される。[4] さまざまな職業興味検査のうち、一九六四年から二〇〇七年までに発行された四十七検査のマニュアルに使用されている八十一サンプル(男性二十四万三千六百七十人、女性二十五万九千五百十八人によって構成される)を対象にメタ分析をおこなっ

表1　Hollandの職業興味領域

R 領域	現実的（Realistic）	機械や物を対象とする具体的で実際的な仕事や活動に対する興味
I 領域	研究的（Investigative）	研究や調査などのような研究的・探索的な仕事や活動に対する興味
A 領域	芸術的（Artistic）	音楽、美術、文学など芸術的領域での仕事や活動に対する興味
S 領域	社会的（Social）	人に接したり、奉仕したりする仕事や活動に対する興味
E 領域	企業的（Enterprising）	企画・立案、組織運営、経営などのような仕事や活動に対する興味
C 領域	慣習的（Conventional）	規定の方式や規則に従って行動するような仕事や活動に対する興味

た研究(5)によれば、人―モノ次元での平均効果サイズは大きく（d=0.93）、女性は人と、男性はモノと働くことに興味をもつ傾向が認められた。しかし、データ―アイデア次元（d=−0.10）や企業的領域（d=0.04）の効果サイズは非常に小さく、男女差は見られない（図1）。表1に示すように、企業的領域は組織運営や経営管理に対する興味だが、そこには男女差が見られないのである。(6)このメタ分析には日本の研究は含まれていないが、首都圏の私立大学二年生四千百四十人（男性二千七百一人・女性千四百三十九人）という比較的大きなサンプルを用いた坂爪洋美と渡辺直登の研究によると、企業的領域に相当する「経営・管理」の得点は男性よりも女性のほうが統計的に有意に高いことを示している。(7)女性は人と、男性はモノとともに働くことに興味をもつ傾向がある一方、組織運営や経営管理の仕事に対する興味には、基本的に男女の違いはないと考えていいだろう。

女性のリーダー経験頻度について検討した研究は見当たらないが、著者は、二十歳から五十九歳までの男女各二百人・計四百人を対象に二〇一四年にインターネット調査を実施し、小学校時代から現在までの間にどのようなリーダー役割に就いてきたかを検討している。設定した選択肢を表2に示す。小学生・中学生・高校生のときは六種のリーダー役割、大学生・専門学校時代には五種のリーダー役割、卒業後は八種のリーダー役割のなかから、当てはまるものすべての選択を求めた。それぞれの役割の選択率は表2に示すとおりである。高校生では全体で七二・八%、大学生・専門学校では八九・〇%が「どのリーダー役割も経験していない」を選択しているため、以降の分析では高校生時代と大学生・専門学校時代を一つのカテゴリー(高校生・大学生時代)にまとめて扱うことにした。各段階(小学生/中学生/高校生・大学生/社会人)でのリーダー経験の数をカウントして従属変数とし、性別(2)×段階(4)の二要因分散分析をおこなった。その結果、段階の主効果(F(3, 1194)=30.50, p<.001)および段階×性別の交互作用効果(F(3,1194)=7.07, p<.001)が有意だった。交互作用効果について下位検定をおこなったところ、小学校から高校・大学までは男女間の差が有意でないのに対し、社会に出てからは男性のほうが女性よりも有意に多いという結果だった(図2)。この調査の回答者の女性には、そのときは無職(専業主婦・主夫を含む)の人々が六十四人(男性は三十二人)含まれているため、そのことが社会に出てからのリーダー経験数の男女差に影響している可能性がある。そのため、当時の職業について、「無職」と「その他」を選んだ回答者を男女とも除外し、有職者だけ(男性百四十二人、女性九十五人)を対象に分析した。「その他」を除外した理由は、パート・アルバイトなど、リーダー経験をすることが少ないと思われる人々が「その他」を選んでいる可能性を考慮したためである。その結果、やはり性別と段階の交互作用効果が有意であり(F(3,705)=6.865, p<.001)、下位検定の結果も全

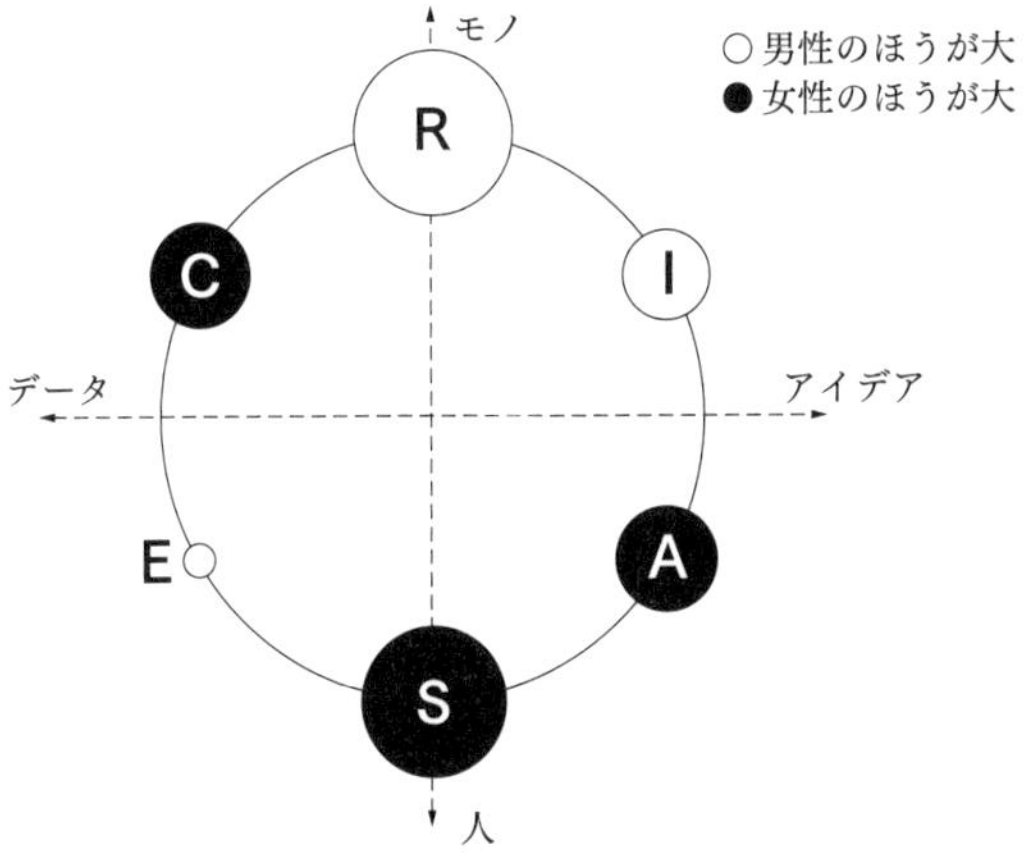

図1　職業興味の男女差に関するメタ分析結果
注：各職業興味領域の円の大きさは、効果サイズの大きさを示す
（出典：Rong Su, James Rounds and Patrick Ian Armstrong, "Men and things, women and people: A meta-analysis of sex differences in interests,"〔*Psychological Bulletin*, vol. 135, no. 6, 2009.〕の Figure1を筆者が訳出）

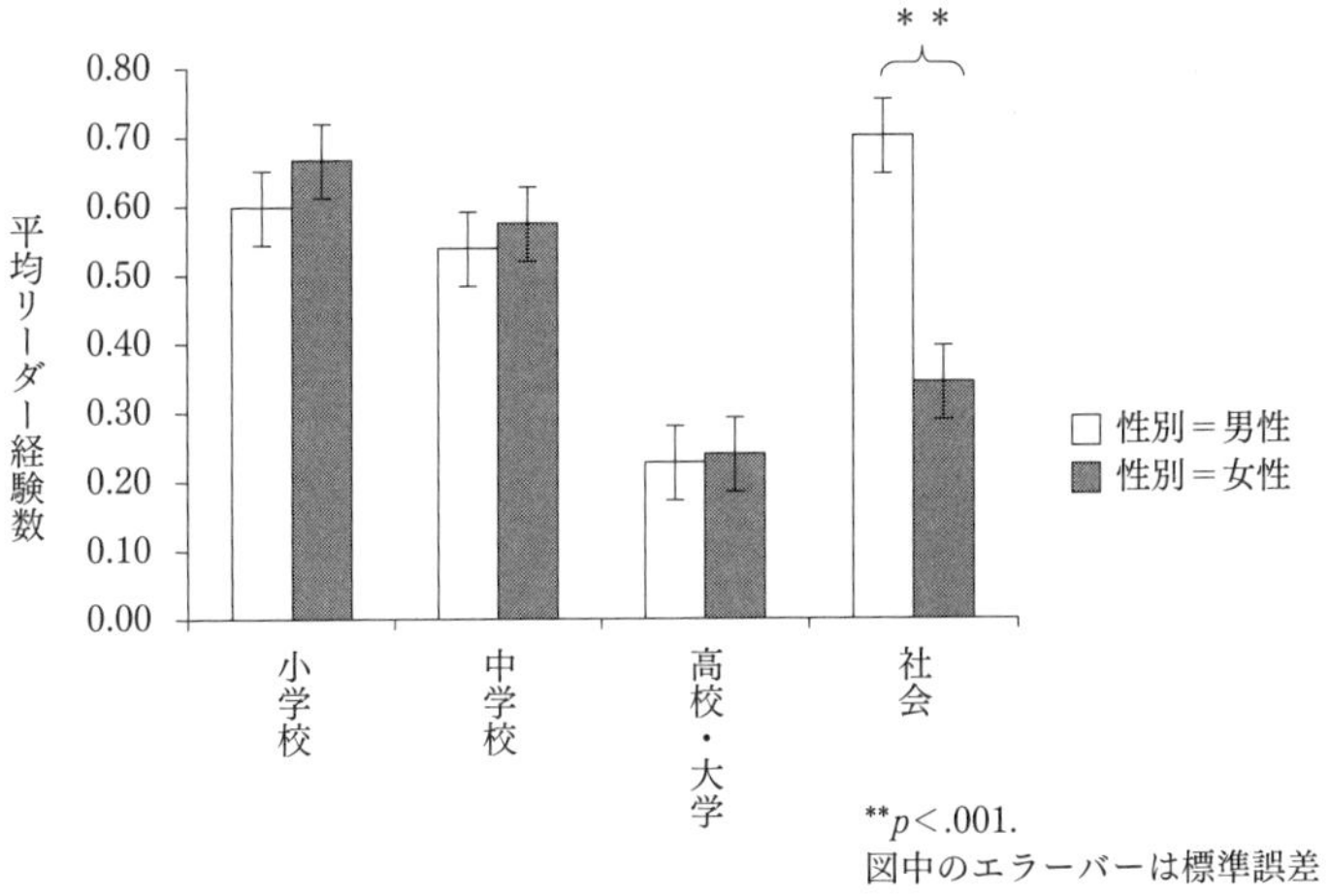

図2　各段階での平均リーダー経験数の男女比較

表2　各段階におけるリーダー経験の男女別選択率

段階	選択肢（複数回答可）	男性（N=200）	女性（N=200）
小学生時代	生徒会長	5.5%	1.4%
	学級委員・クラス委員	40.4%	50.0%
	各種委員会の委員長	21.9%	21.0%
	学校のクラブ・サークル・部活動などの部長やキャプテン	9.6%	12.3%
	地域のスポーツチームやサークルの部長やキャプテン	5.5%	3.6%
	地域のボランティア活動等の代表者	2.1%	1.4%
	何も経験していない	59.0%	56.5%
中学生時代	生徒会長	3.4%	0.7%
	学級委員・クラス委員	30.8%	34.8%
	各種委員会の委員長	19.2%	18.8%
	学校のクラブ・サークル・部活動などの部長やキャプテン	18.5%	20.3%
	地域のスポーツチームやサークルの部長やキャプテン	2.7%	0.7%
	地域のボランティア活動等の代表者	0.0%	1.4%
	何も経験していない	63.6%	59.0%
高校生時代	生徒会長	2.7%	0.0%
	学級委員・クラス委員	17.1%	21.7%
	各種委員会の委員長	11.0%	10.1%
	学校のクラブ・サークル・部活動などの部長やキャプテン	15.1%	15.9%
	地域のスポーツチームやサークルの部長やキャプテン	1.4%	0.7%
	地域のボランティア活動等の代表者	2.7%	2.9%
	何も経験していない	73.3%	72.3%
大学生・専門学校の時	学校の自治会長	0.7%	0.7%
	各種委員会の委員長	2.1%	2.9%
	学校のクラブ・サークル・部活動などの部長やキャプテン	9.6%	5.8%
	地域のスポーツチームやサークルの部長やキャプテン	1.4%	0.7%
	地域のボランティア活動等の代表者	0.7%	2.2%
	何も経験していない	88.7%	89.4%
卒業以降	職場の主任・係長レベルの役職	35.6%	15.2%
	職場の課長レベル以上の役職	26.7%	5.1%
	組合の代表・役員	14.4%	4.3%
	職場の委員会やクラブ活動の委員長や代表者	4.8%	2.9%
	町内会等の長	3.4%	5.8%
	子どもの学校の父母会・保護者会等の代表者	5.5%	13.0%
	地域のサークル集団・ボランティア集団の代表者	4.1%	4.3%
	県・市町村の審議会委員	0.0%	0.0%
	何も経験していない	53.5%	73.5%

回答者を対象とした分析結果と変わらなかった。このことは、小学校から高校・大学時代までのリーダー経験数は男女で異なっておらず、社会人になってから女性よりも男性のほうがリーダー経験数が多くなるということを示している。

これらのことは、就職する前の段階では、経営・管理的な職業への興味では女性のほうが男性よりも低いというわけではなく、リーダー経験が少ないというわけでもないことを示している。少なくとも、管理職になれる可能性の点で、男女間に本質的な差があるわけではないことは明白である。そのため、就職後に女性の昇進意欲が男性よりも低くなるのは、職場環境の要因や出産・育児などのライフイベントなどに起因している可能性がある。

女性の昇進意欲に関する国内の知見

昇進意欲はパーソナリティや個人の価値観に基づくものであり、あまり変化しないものと思われがちだが、実際には入社以降に変化するものであり、特に、総合職女性については昇進意欲が入社後に低下することが明らかになっている。(8) このような女性の昇進意欲の阻害要因として注目されてきたものの一つは結婚・出産など女性自身の私生活上の変化であり、もう一つは組織環境要因である。

結婚・出産というライフイベントによって女性の仕事と育児の両立が困難になり、その負担感が女性に昇進を躊躇させるのではないか、と一般的には考えられがちである。実際、先述した労働政策研究・研修機構が企業の非役職者を対象に実施した調査では、課長相当職以上への昇進希望をもつ女性の割合はわずか一〇・四％であり、昇進を望まない理由として「仕事と家庭の両立が困難になる」を最も多く選択している（四〇・〇％）。一方、二十一世紀職業財団が実施した子どもをもつ女性正社員二千五百人を対象とした調査では、昇進希望をもつ女性が三六・三％であり、昇進希望をもたない女性の三二・五％をわずかに上回っている。[9] また、家庭要因が女性の昇進意欲に及ぼす影響を詳細に検討した横山によると、家事・育児の負担割合や子どもの人数、末っ子の年齢など、現実的な家庭負担は昇進意欲と関連していない。[10] 意外にも、女性の実質的な家事・育児負担の量そのものが昇進意欲に直結しているとはかぎらないようである。

仕事と家庭の両立支援策の効果に注目した研究では、いずれも、育児休業制度など両立支援策が女性の勤続年数を伸ばすはたらきをすることを見いだしている。[11] しかし、仕事と家庭の両立支援策は女性の昇進意欲とは関連しないという報告が多い。例えば、川口章は、女性比率が高い組織ほど仕事と家庭の両立支援策が充実している傾向があるため、ワーク・ライフ・バランスに対する志向性が強く、昇進意欲が低い女性がそのような組織に集まると考察している。[12] また山口一男は、女性の昇進意欲を高めるには、両立支援だけでなく、女性活躍支援が必要であることも示唆している。[13] また、組織が女性活用に積極的であることは女性の昇進意欲を高める方向に作用することも同様に示唆している。

女性活躍に対する積極性といった組織の姿勢が女性の昇進意欲に影響する一方、上司などの対人的要因の重要性を指摘する研究も多い。第一子妊娠前・職場復帰後に、上司の育成意欲や良好なコミュニケーション意欲が高い場合や、実力よりも難しい仕事を任された場合は、そうでない場合に比べて、現在の女性の昇進意欲やモチベーションが高くなっていること[14]や、上司から「次のステップをめざすべき」という意味の言語的説得を受けて昇進に向かう意識を培ったことなど、上司のあり方が女性の昇進意欲を左右するという知見は多い[15]。また、上司に限らず、女性の管理職昇進では人的ネットワークが重要であることを示唆した知見もある[16]。生命保険会社勤務の女性を対象とした調査は、異動頻度が少ないことや異動がないことが昇進意欲を低下させると指摘している。この昇進意欲の低さは、異動頻度の少ない女性にとって、昇進した際にマネジメントに失敗した場合の「自分の居場所」がなくなる恐怖から生じていると考察されている[17]。

以上のような先行研究は、女性の昇進意欲が高まるためには、二つの心理的な要素が必要であることを示唆している。一つは、チャレンジングな仕事や昇進に結び付くような仕事の経験を通じて、あるいは上司から戦力として期待され、有益な対人ネットワークを通して情報や人脈など昇進に役立つ資源を得ることを通じて、リーダーシップや管理に対する自己効力感や自信が育まれることである。女性の昇進意欲に対する自己効力感の重要性は、国内外を問わず数多く指摘されてきているが、実際には女性は男性と異なる仕事を与えられたり、出産後の職場復帰後に負担が軽い（チャレンジングではない）仕事が与えられるなど、組織のなかで女性は必ずしも自己効力感の向上に結び付く経験をしていない。二点目は、上司（すなわち組織）からの承認や支持を感じられること、また職場の対人関係のなかで承認や受容を得ることによって、組織での所属感（belongingness）を得られること、さらにその所属感が昇進後も失われないという見込みがあることである。所属感とは、ある組織やコミュニティで、「自分の貢献は価値あるものと見なされていて、受容されたメンバーだ」という個人の信念のことである。所属感の重要性についても、近年、欧米の先行研究で指摘されていて、例えばＳＴＥＭ分野（科学 Science、技術 Technology、工学 Engineering、数学 Mathematics の分野）で女性が所属感を得られないことが、ＳＴＥＭ分野に女性が増えないことの一因だと示唆されている。[18]

それでは、女性の自己効力感の向上を阻害し、所属感を低下させる要因とはなんだろうか。多くの要因が考えられるが、本章では、社会心理学の領域で数多く研究されてきたステレオタイプと性差別主義に焦点を当てる。

2　ステレオタイプ

ステレオタイプ（stereotype）とは、ある社会的カテゴリーのメンバーに関する知識構造であり、その内容が社会に共有されているものを指す。「女性」「男性」という社会的カテゴリーのメンバーに対するステレオタイプをジェンダー・ステレオタイプという。「男性」に関するステレオタイプ内容の根幹は、自信、独立、冒険的、支配、強さ、競争など、作動性（agency）あるいは道具性（instrumentality）という概念で構成されている。一方、「女性」に関するステレオタイプ内容の根幹は、配慮、相互依存、温かさ、養育、従属性、協力など、共同性（communion）あるいは表出性（expressiveness）という概念で構成されている。[19] 作動性とは一人の独立した人間として個人がめざすべき特性であり、共同性とは他者との関わりで個人がめざすべき特性である。また、道具性とは生計維持を中心とした役割を、表出性とは家族の世話や愛情に関与する役割を、それぞれ促進するような特性を意味する。このように、ジェンダー・ステレオタイプは女性と男性が相補的な役割を担うことを表す内容になっているだけでなく、男性がリードして女性が従うという階層性を含んだ内容になっている。ジェンダー・ステレオタイプは時代とともに変化する部分もあるが、女性＝共同性、男性＝作動性という根本的な要素は変化しにくいことが指摘されている。[20]このようなジェンダー・ステレオタイプは、組織での女性の昇進にとって、多くの厄介な問題を引き起こすが、ここでは「女性」と「リーダーシップ」との不適合性とステレオタイプ脅威について述べる。

「女性」と「リーダーシップ」との不適合性

「いい管理職」のイメージは共同的というよりも作動的である。[21]「有能な（あるいは成功する）管理職」のステレオタイプは男性ステレオタイプと類似していて、女性ステレオタイプとは異なっていることを数多くの研究が示してきた。[22]この傾向は近年でもあまり変わっておらず、管理職のステレオタイプを調査した六十九個の研究をメタ分析した研究によると、依然として管理職ステレオタイプと男性ステレオタイプの間には強い正の関連がある。例えば、リーダー・イメージの評定値と男性イメージの評定値の級内相関は.62であるのに対し、リーダー・イメージの評定値と女性イメージの評定値の級内相関は.25だった。この管理職イメージと男性イメージとの関連は、中級管理職よりも上級管理職で強く、研究の発表年が新しいほど弱かった。この発表年の効果は、近年の管理

表3　主なリーダーシップ理論

リーダーシップ理論	理論の骨子	女性ステレオタイプに合致すると考えられる部分
PM 理論 (三隅二不二『リーダーシップ行動の科学 改訂版』有斐閣、1984年)	リーダーが目標達成を促進する機能（P機能）と対人的配慮や集団維持をめざした機能（M 機能）の両方を十分に果たすことが、生産性やメンバーの満足度、モチベーションの向上のために必要	対人的配慮や集団維持をめざした機能（M 機能）
変革型リーダーシップ (Bernard M. Bass, *Transformational leadership : industrial, military, and educational impact*, Lawrence Erlbaum Assoc, 1997.)	リーダーが次の4つの行動をおこなうことで、メンバーの自発性、モチベーション、パフォーマンスが向上する ・理想的影響：リーダーのようになりたいと思わせるような言動 ・士気を高める動機づけ：目標に向かう勇気とモチベーションを与えるはたらきかけ ・知的活性化：新しい発想ができるよう知的な刺激を与える ・個別的配慮：個々人にあった成長への配慮をして、個々人のニーズの成熟度を高める	個別的配慮
垂直的二者連鎖モデル (e.g., George B.Graen and MaryUhl-Bien, “Relationship-based approach to leadership: Development of leader-member exchange (LMX) theory of leadership over 25 years: Applying a multi-level multi-domain perspective,” *The Leadership Quarterly*, Volume 6, Issue 2, 1995.)	リーダーがフォロワーとの間に高質な交換関係（報酬や喜びを与え合うような互恵的な関係）を構築することが生産性にとっても有効	支配ではなく対人関係構築スキルを必要とする点
サーバント・リーダーシップ (Robert K. Greenleaf, *The Servant as Leader*, Greenleaf Center, 1970.)	目標はリーダーが示すものの、リーダーが上に立って支配するのではなく，メンバーの価値や利益を最優先してその活動を下から支えて奉仕することが有効。メンバーの自律性を高め、協力行動を促進し、パフォーマンスを向上させる効果がある	支配ではなく相手の価値や利益を優先して支える点

職に求められる役割の変化や、女性管理職の増大によると著者らは考察している。[23]

しかし、リーダーシップ研究分野の知見から考えると、この「管理職＝男性的／作動的」イメージはいささか奇妙である。これまで、リーダーシップ研究分野では、集団を目標達成に導き、生産性や創造性を高め、メンバーのモチベーションや満足度を高めるという意味で有効なリーダーシップとは何かが探究されてきた。そのなかで、有効であることが実証されてきた主なリーダーシップ理論を概観すると、いずれの理論でも、作動性や道具性に相当する機能だけでなく、共同性や表出性に相当する機能も含まれていることがわかる（表３）。つまり、これらのリーダーシップ理論をジェンダー・ステレオタイプ的な観点だけで捉えたとしても、女性ステレオタイプに合致するような要素がどの理論にも少なからず含まれているのである。それにもかかわらず、なぜ「管理職＝男性的／作動的」イメージが社会で優勢なのだろうか。

職業に関するステレオタイプ的イメージは、職業の実際の仕事内容というよりも、その職業での現実の男女比を反映していて、男女ともに男性比率が高い職業ほど男性的な職業と認知することが示されている。[24]例えば、ジェンダー・ステレオタイプ的に「力仕事は男の仕事」と考えられているが、看護職という職業の仕事には、夜勤や患者の体位変換など体力や腕力を要する仕事が含まれているにもかかわらず、現実には女性比率が圧倒的に高いために女性の仕事と見なされている。このような原理が管理職やリーダーというポジションにも適用されるとすれば、「管理職＝男性的／作動的」というステレオタイプ的イメージの形成は、現実に管理職ポジションの男性比率が高いことが主な原因の一つになっていると考えられる。必ずしも、仕事の内容によってステレオタイプ的イメージが形成されているわけではないのである。

近年、その関連が弱まりつつあるとはいえ、現在も根強く残る「管理職＝男性的／作動的」イメージは、女性に「管理職という役割は、本来自分の役割ではない」という不適合感を抱かせる。この不適合感は、リーダー・ポジションや管理職というポジションに所属感を感じにくくする原因の一つになっている。また、ＳＴＥＭ分野で、男性が失敗した場合は運の悪さなどの外的要因にその原因が帰属されるのに対して、女性が失敗した場合は本人の能力や努力などの内的要因にその原因が帰属されることが実証されており、[25] このようなステレオタイプ的帰属バイアスが管理職分野にも生じる可能性は十分にある。

ステレオタイプ脅威

「管理職＝男性的／作動的」というステレオタイプ的イメージは、女性の昇進意欲の形成にどのような影響を及ぼしているだろうか。それは、ステレオタイプ脅威という現象をもたらすことが指摘されている。ステレオタイプ脅威とは、「自分の所属集団が能力的な点で否定的ステレオタイプをもたれている領域（例えば、女性にとっての数学や科学、高齢者にとっての記憶課題など）で遂行するときに感じる懸念」であり、「自分が否定的なステレオタイプで判断されたり扱われたりするかもしれない、そして自分の遂行次第ではそのステレオタイプを確証してしまうかもしれない」という具体的で現実的な脅威のことを指す。[26] この脅威は、否定的なステレオタイプで捉えられがちな人々の認知的・社会的課題の遂行成績を実際に低下させることが、多くの研究によって実証されている。

例えば、「女性は男性より数学が苦手である」というジェンダー・ステレオタイプの存在は、それが喚起される状況では実際に女性の数学成績を低下させる可能性がある。スティーブン・スペンサーらは、男女大学生に数学テストを実施する前に、「これからおこなう数学テストの成績には男女差は見られない」という教示（ジェンダー差なし条件）と、男女差がある可能性に言及する教示（ジェンダー差あり条件）のいずれかをおこなった。その後、実際の数学テストの成績を男女で比較したところ、ジェンダー差なし条件では男女の数学成績に差はみられなかったが、ジェンダー差あり条件では女性の成績が男性のそれに比べて実際に低いことがみられたのである。[27]このような成績低下は、数学科に所属する女子学生など、実際に数学能力が高いことが証明されている女性や、自分自身はステレオタイプの内容を信じていない女性にも生じることが指摘されている。また、女性ばかりでなく、「○○の人々は××の能力が劣っている」という否定的なステレオタイプが存在する集団では、いずれもパフォーマンス低下が生じうる。例えば、アフリカ系アメリカ人の学業成績、[28]白人男性の運動成績、[29]高齢者の記憶課題[30]などでパフォーマンス低下が生じることが確認されている。ステレオタイプ脅威がパフォーマンス低下を引き起こすメカニズムについては諸説あり、否定的に扱われることへの懸念を感じることによるワーキングメモリの圧迫や、否定的な思考の増大などによって説明されている。[31]

ジェンダー関連のステレオタイプ脅威によるパフォーマンス低下は、前述した女性のＳＴＥＭ分野について主に検討されてきていて、管理職に関する研究は相対的に少ない。しかし、「管理職＝男性的／作動的」というステレオタイプは、図３に示すようなプロセスによってリーダーシップ領

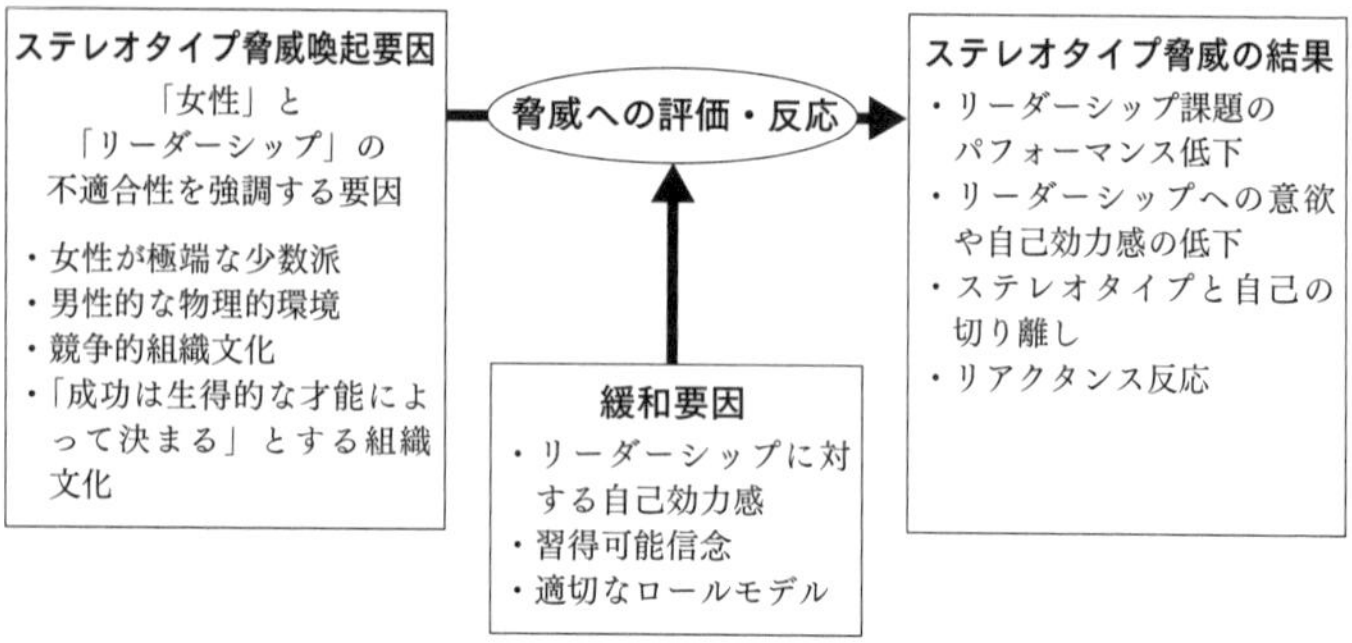

図3　ステレオタイプ脅威のメカニズム
（出典：Crystal L. Hoyt and Susan E. Murphy, “Managing to clear the air: Stereotype threat, women, and leadership,” *The Leadership Quarterly*, vol. 27, issue. 3, June, 2016, Fig.1.）

域の女性にステレオタイプ脅威をもたらしうることをクリスタル・ホイトとスーザン・マーフィが指摘している。[32]ここからは、主にホイトとマーフィの論文に基づいて図3のプロセスを説明する。

まず、状況に存在する特定の手掛かりがステレオタイプ脅威を喚起する。例えば、女性が極端に少数派であるような環境は、「女性」という社会的アイデンティティを顕現させる。また、男性ステレオタイプ的な物理的環境やジェンダー化された環境下に置かれた場合もステレオタイプ脅威を喚起する。[33]さらに、競争的な組織文化や、成功は生得的な才能によるものと考えられているような領域では、そのような才能に欠けているという否定的なステレオタイプで見られがちな女性は特に脅威を受けやすい。[34]

「リーダー＝男性的／作動的」というステレオタイプ脅威は、①女性のリーダーシップ関連パフォーマンスの悪化、②リーダーシップ領域で成功したいというモチベーションや自己効力感の低下、③ステレオタイプと自己の切り離し（リーダーという役割から自己を遠ざけること、および「女性」という集団から自己を切り離すこと）、④リアクタンス反応（ステレオタイプへの反発）、という四種類の結果を招く可能性があることが示されている。

まず、女性のリーダーシップ関連パフォーマンスの悪化については、ステレオタイプ脅威状況下で、女性の交渉課題成績の低下やリーダーシップ課題の成績低下を導くことが示されている。例えば、ホイトとジム・ブラスコヴィッチの実験では、実際に「リーダー＝男性的」というステレオタイプを喚起された状況下で、女性がリーダーの役割を割り当てられてフォロワーにはたらきかける課題をおこなったところ、特にリーダーシップに対する自己効力感が低い女性のパフォーマンスが阻害され、リーダーシップ領域への同一視が低下したのである。[35] また、ステレオタイプ脅威条件下では、脅威がない条件下に比べて、女性は、以前に成功したが現在は有効ではない方略の使用に固執することも示されている。[36] さらに、ステレオタイプ脅威は、リーダーシップ領域に対するモチベーション低下や自己効力感の低下を引き起こす（②）。女性ステレオタイプ的なコマーシャルに接触した女性がリーダーシップ志望を低下させることなどが示されている。[37]

ステレオタイプ脅威にさらされた女性は、自我防衛のために、自己価値に対する脅威をもたらす領域、すなわちリーダーという役割から自己を遠ざけたり、女性という集団から自己を切り離すことが生じうる（③）。ＳＴＥＭなどの領域でステレオタイプ脅威に直面した女性は、最初のうちはその領域で達成すべく努力を続け、領域からの離脱以外の方法で脅威を低減しようと試みる。そのような脅威低減方法の一つが、女性集団からの自己の切り離し、すなわち脱同一視である。しかし、女性集団を同一視しなくなることは、女性アイデンティティの価値ある側面や自尊心の源となる側面まで放棄せざるをえなくなるという点で、非常にコストが高い[38]。職場でステレオタイプ脅威を経験した専門職の女性は女性アイデンティティと仕事アイデンティティを切り離すが、これは仕事での所属感の欠如や仕事に対する否定的態度をもたらす[39]。また、専門職の女性は、職場でステレオタイプ脅威を感じるほど、仕事アイデンティティと女性アイデンティティとを分離し、そのことがウェルビーイングの低下や、ほかの女性に自分の仕事領域のキャリアを勧めなくなるという事態を招くことが示されている[40]。

ステレオタイプ脅威に直面した女性がとりうるもう一つの反応は、反ステレオタイプ的な行動、すなわちリアクタンス反応である（④）。例えば、「管理職＝男性的／作動的」というステレオタイプに対して、女性が男性のような作動的・論理的コミュニケーションスタイルで話したり、リーダーシップ領域への同一視を深めたりすることなどが挙げられる。このことは、予期せぬ否定的成果と肯定的成果の両方をもたらす可能性がある。否定的な成果の一つは、周囲からのバックラッシュを招くことである。作動的に振る舞う女性は温かさや好ましさに欠けると見なされ、作動的に振る舞う男性や共同的に振る舞う女性に比べて能力を低く評価されることが示されている[41]。

一方、肯定的な成果も見られる。先に紹介したホイトとブラスコヴィッチの実験では、リーダーシップに対する自己効力感の高い女性は、ステレオタイプ脅威が喚起された場合に、自己効力感が低い女性に比べてリーダーシップ・パフォーマンスが高く、リーダーシップ領域に高く同一視し、心理的ウェルビーイングも高かった。しかもパフォーマンスの高さは、「管理職＝男性的／作動的」というステレオタイプの喚起が非顕在的におこなわれる条件（単に「リーダーシップ能力を診断する」と告げられる）に比べて、顕在的におこなわれる条件（男性のほうが有効なリーダーシップ資質をもっていて、それを確認するための実験と告げられる）で強かったのである。(42) 十分に自己効力感をもつ女性であれば、露骨なジェンダー・ステレオタイプの表明に対してリアクタンス反応を起こし、かえって男性よりも高いパフォーマンスを上げる場合もあることが示されたといえるだろう。

ステレオタイプ脅威の緩和要因

リアクタンス反応を除き、ステレオタイプ脅威は一般的にリーダー役割をめざす女性にとって否定的な結果をもたらすことを述べてきた。このような否定的影響を避ける方法はないのだろうか。ステレオタイプ脅威の否定的影響を緩和する要因がいくつか見いだされている。

まず、女性の個人的要因として、リーダーシップに対する自己効力感の高さが挙げられる。先に述べたように、自己効力感の高い女性はステレオタイプ脅威にさらされてもリアクタンス反応を起こし、高いパフォーマンスを上げる。自己効力感とは、成果を生み出すのに必要な一連の行為を組織して実行する自分の能力についての信念であり、単なる思い込みによる自信というよりは、実績に基づく根拠ある信念と捉えられている。(43) そのため、リーダーシップ経験をまったくもたない女性がリーダーシップに対する自己効力感をもつことは困難である。リーダーシップを発揮する経験を重ね、自己効力感を育むことが重要だろう。

もう一つの個人要因は、リーダーシップ能力を習得可能なものと考えるのか、それとも固定的で変えにくいものと考えるのかというマインドセット（考え方）である。リーダーシップ能力は努力次第で向上させることができるという考え方は、ステレオタイプ脅威の悪影響を受けにくくする効果があることが示されている。[44] 社会では、リーダーシップ能力を生得的な才能と考える向きもあるが、実際にはリーダーシップ開発については数多くの研究があり、向上させることが可能であることが示されている。また、そもそも「有効なリーダーシップ」は一つではない。表1に示したように、さまざまなタイプのリーダーシップが集団の目標達成にとって有効であることがわかる。「少数の選ばれた人しか有効なリーダーシップを発揮できない」という思い込みは誤っているばかりでなく、女性のリーダーを育成するうえで有害な環境を作り出すことになるだろう。

ステレオタイプ脅威の悪影響を緩和する要因の三点目は、ロールモデルの存在である。ロールモデルになりうる女性リーダーの存在は重要である。有能な女性を目にしたり、メディアに登場する反ステレオタイプ的な女性を目にすることは、リーダーシップ領域でのステレオタイプ脅威の悪影響を緩和し、自己評価やリーダーシップ志望を高めることが実証されている。[45] しかし一方、ロールモデルが女性の自己評価や男性的な職業分野への興味を低下させてしまうという報告もある。[46] ともかく、成功している女性のリーダーならどの女性に対しても肯定的な影響を及ぼすわけではないようである。

リーダーシップ領域での女性のロールモデルが伝えるものは、リーダーシップ領域でも女性が成功できるという可能性、リーダーシップ領域への所属感、および「この組織は女性に対して支持的だ」という証拠である。ロールモデルとしての有能な女性リーダーの存在がこれらを伝えるものであれば、ステレオタイプ脅威の悪影響を緩和し、女性たちがリーダーシップ役割をめざすうえで有益な効果をもたらす。しかし、ロールモデルはほかの女性たちに「リーダーになるために自分に欠けているもの」を強く認識させる存在にもなりうる。これはむしろ、リーダーシップ領域での成功をめざす女性を委縮させ、自己評価を低下させることになる。一つの重要な点は、女性たちがロールモデルと同一視でき、彼女らの成功を自分も達成できると見なせることである。例えば、エリートの女性リーダーを見た女性はリーダーシップ志望を低下させてしまうが、それほどエリートではない女性リーダーを見た女性にはこのような委縮効果は生じなかった。[47] また、リーダーシップに対する自己効力感が高い女性は、エリート女性のロールモデルから肯定的な影響を受けていた。[48] きわめて優秀なスーパーウーマンは、リーダーシップに対する自己効力感が高い女性にとってはいい効果をもたらすロールモデルとなりうるが、まだリーダーシップ・スキルに対する自信をもてていない女性に対しては「自分はとてもあのようにはなれない」と思わせ、かえってリーダーシップへの道を諦めさせる効果しかもたない可能性を認識しておくべきである。

3　好意的性差別

女性に対する差別主義というと、「女性は男性よりも能力が劣っている」などのように、あからさまに女性が男性よりも劣っている、または望ましくない性質をもっているとするような態度を思い浮かべることが多い。しかし、近年では、女性に対する差別的態度はもっと複雑な構造をもつものと考えられている。このような考え方の一つとして、ピーター・グリックとスーザン・フィスクは両面価値的性差別主義（ambivalent sexism）という概念を提唱している(49)。

グリックとフィスクによれば、性差別主義には、敵意的性差別主義（hostile sexism）と好意的性差別主義（benevolent sexism）の二つがある。敵意的性差別主義は、女性がセクシュアリティやフェミニズムによって男性を統制して男性がもつ勢力を奪おうとしている、という敵対的な男女関係の見方や女性に対する反感を表す。例えば、「女性は公平に競争して男性に負けた場合でも、決まって差別のせいだと不満を言う」「女性は男性をコントロールすることで、権力を手に入れようとしている」などの考え方がそれにあたる。一方、好意的性差別主義は、伝統的女性役割を受け入れる女性を保護され崇拝されるべき純粋な生物と見なす、好意的で騎士道的なイデオロギーである。例えば、「女性は、男性から大切にされ、守られなければならない」「多くの女性には、男性にはない清純な特性がある」というような態度である。好意的性差別主義は、一見すると女性を崇拝する態度のように見えるが、実際には女性を男性よりも弱いものと捉え、母や妻などの伝統的な女性役割に適した存在と見なすものである。そのため、結局は女性を伝統的女性役割に押し込め、現在の男女格差を「心地よく」合理化するはたらきをもっている。この両面価値的性差別主義は、①男性が女性よりも高い地位や勢力をもつこと（保護的父性主義）、②男性と女性の社会的役割が異なっていて、相補的であること（相補的ジェンダー差異化）、③生殖をめぐる男女間の依存と親密性（異性愛の親密さ）、という多くの社会に共通する構造的男女関係の産物であると考えられている(50)。なお、好意的性差別は本当に「差別」と言えるのか疑問に思うこともあるかもしれないが、好意的性差別主義得点と敵意的性差別主義得点の間には有意な正の相関があることが一貫して示されており、各得点の国平均が高いほど、その国の男女平等達成度（ジェンダー・エンパワーメント指標：GEM）が低いという有意な関連が示されている。[51]

好意的性差別主義の危険性

敵意的性差別は、それを受けた女性が差別だと気づくことが多いが、好意的性差別は騎士道的で礼儀正しい行動として偽装されるため、女性自身が差別だと知覚しにくい。この「差別だと知覚しにくい」という特徴によって、好意的性差別はときに敵意的性差別よりも女性にとって危険なものとなる。化学工場の採用面接と選抜テストを模した興味深い実験がある。この実験では、リクルーターが志願女性（実験参加者）に対して敵意的性差別的な見解（「女性は動揺しやすい」「あなたと一緒に働くのは男性ばかりだが、フェミニストたちがテレビで言っているようなことを信じないでください、彼女たちはもっと恩恵を受けたいために産業界の女性が置かれている状況を誇張しているだけです」など）か、好意的性差別的な見解（「あなたと一緒に働くのは男性ばかりだが、彼らはあなたが仕事に慣れるのを助けてくれるので心配はいりません」など）のいずれかを表明する場面を設定した。その後、いくつかの課題をおこなった結果、敵意的性差別条件よりも好意的性差別条件における参加者の認知的課題の遂行成績が低いこと、そしてそれが自己疑念や自尊心の低下に関わる侵入的思考が多くなったことによるものであることが示された。[52]この結果は、ほかの研究でも再現されている。[53]ダルドンらによれば、好意的性差別は、女性を称賛しながらも「女性は無能である」という見解を暗黙に含んでいるため、課題遂行に対する自己疑念や自尊心の低さを含む侵入的思考をもたらし、認知資源を要する課題の遂行を阻害するのである。一方、敵意的性差別はわかりやすい性差別であり、それにさらされた女性は、そこで生じた不快さをその差別発言に帰属できるため、遂行は阻害されないのである。

女性を弱いものと見なして保護的態度で接するという好意的性差別は、職場でも頻繁にみられる可能性がある。責任が重い仕事や体力的にきつい仕事を「女性には気の毒だ」と考えて最初から割り振らないというやり方は、好意的性差別にきわめて近いと考えられる。このような行為はむしろ、女性に対する思いやりの一種と見なされて女性から受け入れられやすく、行為者自身にも女性を差別する意識は(少なくとも自覚的には)ないことが多いと考えられる。しかし、ダルドンらの実験が示すように、好意的性差別の女性に対する悪影響の大きさが認識されるべきだろう。

日本の組織での好意的性差別の機能

好意的性差別が女性に及ぼす影響についての研究は、実験研究が多い。そのため、実際の組織ではそれがどのような影響を女性に及ぼしているのかは十分に検討されていない。そこで、筆者らは、さまざまな業種の企業に勤務する二十歳代から三十歳代の正社員の女性二百人(インターネット調査会社のモニター)を対象に調査をおこなった。[54] 回答者の年齢は二十二歳から三十九歳(平均三十・七歳)、勤務する企業の業種はサービス業が最も多く二五・五%を占め、次いで製造業二一・〇%、卸売・小売業一七・〇%という構成になっている。役職がない者が百七十四人（八七・〇%）、残りは主任・係長クラスだった。分析にあたって、回答に不備がある二人のデータを削除した。

調査項目の構成は次のとおりである。

①状態自尊心：状態自尊感情尺度[55]から九項目に「あてはまる（5）―あてはまらない（1）」の五件法で「現在の職場における自分」に該当する程度への回答を求めた（α=.89）。項目例は「ここ最近、自分には色々な良い素質があると感じる」など。

②昇進意欲：「私は、将来部署内の管理層をめざして積極的に仕事を頑張りたい」など自作した五項目に「全くそう思わない（1）―とてもそう思う（6）」の六件法で回答を求めた（α=.85）。

③好意的性差別経験：好意的性差別言動経験尺度[56]から抜粋した十二項目について、過去三カ月間に職場で項目に示すような言動を経験した程度を「全くなかった（1）―ほとんどいつもあった（5）」の五件法で回答を求めた。使用した項目については表4を参照。

④職務不変予想：「将来（例えば五年後）の自分は今と大きく変わっておらず、現在の職位のままだと思う」「この会社にいる限り、やりがいのある仕事に出会うことはないだろう」の二項目について、「全くそう思わない（1）―とてもそう思う（6）」の六件法で回答を求めた。これらの項目は、回答者が「自分は補助的な仕事のまま留め置かれてキャリアアップの可能性がない」と認知している状態を示している。

⑤所属組織の女性活躍促進風土：「この会社では、女性の出世や業績を求めている」など六項目について、「全く違う（1）―全くその通り（5）」の五件法で回答を求めた（α=.81）。

表4　好意的性差別言動経験尺度の因子分析結果（最尤法・プロマックス回転）

項目	Factor1	Factor2	共通性
保護的父性主義経験（α =.75）			
私の仕事であっても、力仕事は男性が行ってくれた	**.749**	.108	.592
女性が重い荷物を持っているときは、男性がその荷物を持ってくれた	**.729**	.004	.532
仕事上で大きな失敗をしても、男性に比べて女性はあまり厳しくしかられなかった	**.534**	.071	.300
私が少し仕事上のミスをしても許容してくれた	**.511**	-.089	.258
大変な仕事は「やらなくていいよ」と言ってくれた	**.506**	.156	.300
私の仕事に関する評価が寛容であった	**.346**	-.206	.145
伝統的女性役割期待経験（α =.70）			
私が物事にはっきりと意見を述べたり、反論したりすると、良い顔をされなかった	-.224	**.742**	.560
女性が冷静かつ論理的に話をすると、恐がられたり反発されたりした	-.052	**.718**	.509
リーダー的に振る舞う女性は、厳しい評価を受けた	.102	**.564**	.343
仕事の仕方などに対して「女性ならではですよね」などと女性の特性を強調された	.126	**.451**	.233
服装や髪形などの外見に関することを話題にされた	.145	**.358**	.162
因子寄与	2.153	1.849	
因子間相関　Factor1	——	.121	

そのほか、回答者の属性について回答を求めた。

まず、好意的性差別言動経験尺度について、固有値の減衰率から二因子を指定して最尤法・プロマックス回転による因子分析をおこなったところ、表４に示すとおりの結果になった。第一因子は女性に対する寛容さや男性による保護を表す項目群で構成されているため、「保護的父性主義経験」と解釈できる。第二因子は作動的に振る舞う女性に対する反発と女性らしさの評価を表す項目群で構成されているため、「伝統的女性役割期待経験」と解釈できる。この二因子はそれぞれ、グリックとフィスクが両面価値的性差別主義の背景にある社会構造の特徴として挙げた三要因のうち、「保護的父性主義」と「相補的ジェンダー差異化」に相当すると考えられる。それぞれの因子に含まれる項目の得点の平均値を算出して尺度得点とした。そのほかの尺度についても同様に、尺度に含まれる項目の平均得点を算出して尺度得点とした。分析に使用した変数の記述統計量と相関係数を表5に示す。

この研究では、対人レベルの要因である好意的性差別経験の効果を検討することを目的としているため、組織レベルの要因である「組織の女性活躍促進風土」を統計的に統制した。そのうえで、好意的性差別経験二因子が昇進意欲に直接関連するとともに、状態自尊心を介して間接的にも関連するというモデルを構造方程式モデリングで検討したところ、適合度が低かった。そこで、職務不変予想を加えて適合度の高いモデルを探索的に検討したところ、図4に示す結果が得られた（χ^2= 4.72, p=.32, GFI=. 99, AGFI=.97, CFI= .98, RMSEA= .03）。まず、保護的父性主義を経験することは、

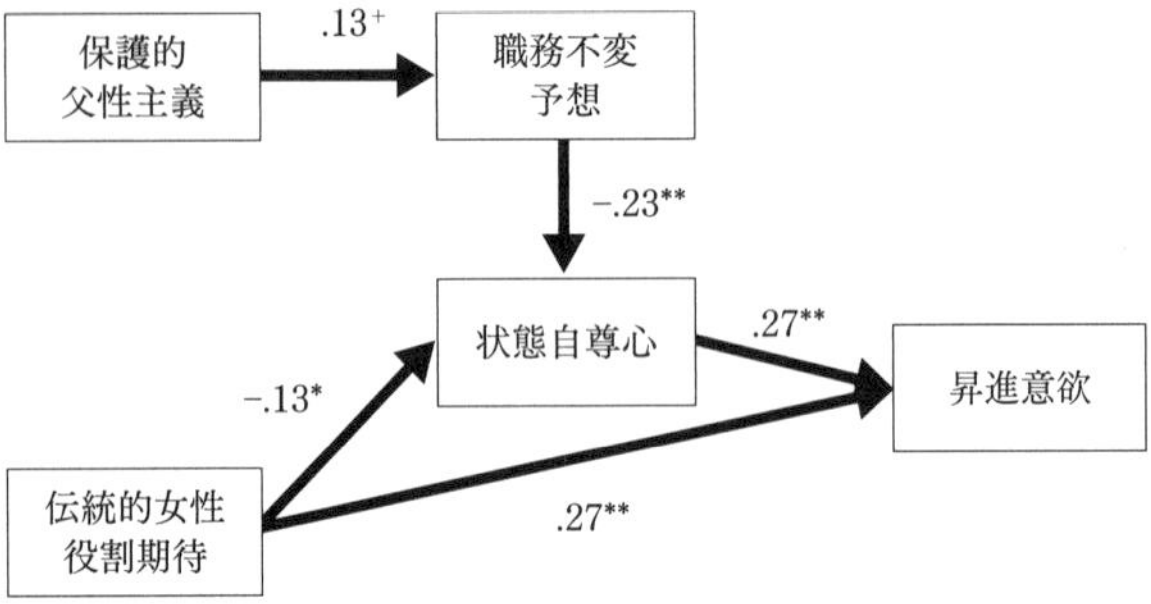

$x^2 = 4.72$, $p = .32$, CFI = .98, RMSEA = .03

図4　好意的性差別経験と昇進意欲との関連
※企業の女性活躍促進風土を統制
　+ p<.10, * p<.05, ** p<.01
　パスは標準化係数

効果は弱いものの、職務不変予想を高めていて、それが状態自尊心を低めていることがわかる。また、伝統的女性役割期待の経験も、それを受けた女性の状態自尊心を低下させることが示された。状態自尊心が高いほど昇進意欲が高いという関連性が見られるため、好意的性差別経験の二因子は状態自尊心を低下させることによって、昇進意欲を間接的に低下させる機能を示したといえる。ただし、伝統的女性役割期待の経験は、直接的に昇進意欲を高めるはたらきも示していた。この機能の明確な解釈は難しいが、伝統的女性役割期待のなかには「女性らしさ」を称賛する要素が含まれていることから、それが表面的には女性を尊重する行為にみえるため、職場の人間関係の良好さと受け取られた可能性がある。あるいは、本研究の伝統的女性役割期待因子には、男性的な言動に対する否定的反応という意味合いが強く含まれるため、リアクタンス反応が生じたという解釈も可能である。なお、本研究は横断的調査であるため、因果関係については今後さらに検

表5　分析に使用した変数の記述統計量と相関係数

	平均値	標準偏差	昇進意欲	保護的父性主義経験	伝統的女性役割期待経験	職務不変予想	状態自尊心
昇進意欲	3.06	1.15					
保護的父性主義経験	2.72	0.80	.05				
伝統的女性役割期待経験	2.23	0.81	.21**	.14*			
職務不変予想	3.93	1.15	-.26**	.12+	.09		
状態自尊心	2.96	0.86	.26**	.01	-.16*	-.28**	
組織の女性活躍促進風土	2.67	0.84	.35**	.01	.00	-.38**	.15*

** p < .01, * p < .05, + p < .10

討する必要がある。

表5に示しているように、組織の女性活躍促進風土と好意的性差別の二因子との間には有意な相関がないことがわかる。このことは、組織に女性の活躍を促進する風土や制度があったとしても、そのことと個々人が有する好意的性差別主義の程度とは無関係であり、そのために回答者の女性が体験した好意的性差別の程度が組織の女性活躍促進風土と無関連だったことを意味している。日本の組織が女性の活躍促進を進めるようになったのは比較的最近のことである。そのため、現状ではそうした組織の方針が個々のメンバーに浸透していないと考えられる。あるいは、より悲観的な解釈をすれば、個々人の主義や信念は幼少期から長年にわたって培われるものであり、組織によってそうした個々人の性差別主義を変えさせることは難しいことを意味している可能性もある。

以上の結果から、日本の組織場面でも、自尊心やリーダーシップ志望（本研究では昇進意欲）に与える影響という点では先に紹介した実験研究と同様の結果が再現されたといえる。保護的父性主義に相当する行為は、それを経験した女性に「キャリアアップすることを期待されていない」という感覚（職務不変予想）をもたらす可能性がある。また、「女性らしさ」を称賛して「男性的な行為」を非難する行為（伝統的女性役割期待）は、昇進意欲を直接向上させる効果がある一方で、女性の自尊感情を低下させる効果もある。総合すると、好意的性差別が女性の昇進意欲を高めるうえで、少なくとも有効な要因でないことは明らかである。好意的性差別は、行為者側に女性に対する悪意があるわけでは必ずしもなく、女性の側も差別と認識しにくい性差別である。その危険性が十分に認識される必要がある。

おわりに

本章では、女性の昇進を阻む心理・社会的要因のうち、「リーダーシップ≠女性」というステレオタイプ、ステレオタイプ脅威、好意的性差別の三点に焦点を当ててその影響を概観した。最後に、女性の昇進意欲を促進するために四つの提案をしておきたい。

一つは、「管理職」や「リーダーシップ」の役割イメージそのものを変えることである。表1に示したとおり、膨大な数のリーダーシップ研究の知見は、ステレオタイプ的に男性的とされる行動や特性（作動性や道具性）だけでは有効なリーダーシップとならないことを示している。まずは、「決断力」や「タフさ」など、男性的な用語だけで「管理職」や「リーダー」という役割を語ることをやめる必要があるだろう。また、生産性を高めるうえで有効なリーダーシップは一つではない。ジェンダーにかかわらず、得意分野や個性を生かした有効なリーダーシップを発揮することは可能なはずである。必要なのは、女性を男性的にすることではなく、男性的イメージに偏った「リーダー」や「管理職」のイメージそのものを修正することである。

二点目は、リーダーシップや管理分野での女性の自己効力感を育むことである。ジェンダー・ステレオタイプが存在する（と一般的に認識されている）かぎり、たとえ女性自身が優れた能力をもっていても、ステレオタイプ脅威の悪影響を受ける可能性はある。ジェンダー・ステレオタイプが社会からなくなることが最も理想的だが、それは容易なことではない。ステレオタイプ脅威の悪影響に対抗するためには、女性自身の自己効力感を高める必要がある。保護的父性主義を発揮して女性をリーダーというつらい役割に配置しないようにするのではなく、組織のなかでも女性がリーダー経験を積めるようにすることが必要である。リーダーシップ・スキルを向上させるには、「失敗から学ぶ」ことが重要だと指摘されている。そのため、性別にかかわらず、リーダー経験やその失敗体験から「学習できる」ようにサポートすることが効果的である。

三点目として、女性の自己効力感を育むためにも、「適切な」ロールモデルを活用することが有効である。ロールモデルというと、「理想的な憧れの人物」でなければならないと認識されている節があるが、必ずしもそうではない。企業側が「こんな女性をめざしてほしい」と考えて、子育てしながらも男並みに働くスーパーウーマンだけをロールモデルとして提示することがあるが、それもやめたほうがいいと思われる。そのようなスーパーウーマンは、最初から自己効力感が高い女性に対してはリーダーシップ志望を高めるのに効果的かもしれないが、むしろほかの女性には「男性並みに働くことでリーダーになれている」と認識され、「リーダー＝女性」という所属感に結び付かなかったり、自分もこの組織でリーダーになれるという達成可能性を感じさせにくい可能性もある。すべての女性にとって有効なロールモデルというものは考えにくいため、ロールモデルそのものも多様化する必要があると考えられる。

四点目として、好意的性差別に相当する行為をなくすことが重要だと考えられる。例えば、責任が重い仕事は負担になると考えて最初から女性に割り当てない、育児中の女性にチャレンジングな仕事を提示しない、などは保護的父性主義にあたるだろう。また、「女性の適性を生かせる仕事（または管理職ポジション）」を組織の側が最初から決めてかかり、その仕事（または管理職ポジション）だけを女性にさせる（言い換えれば、それ以外の仕事については女性に門戸を開かない）というのも、伝統的ジェンダー差異化に相当する可能性がある。これらの行為は、どの女性に対しても有害というわけではないかもしれないが、多くの女性の自尊心を低下させ、自己効力感の涵養や昇進意欲の向上を阻害する可能性がある。

以上の四点を実現するためには、組織のなかで育成方針を「男性向け」のものと「女性向け」のものに分けるのではなく、「女性（または男性）のなかの多様性」を認識し、一人ひとりとの話し合いをしたうえで、仕事の内容やキャリアの方向性を決めることが重要だと考えられる。管理職の役割や仕事の内容も、女性（男性）個々人の適性や能力に対しても、先入観やステレオタイプを用いて見ることに益はないと考えるべきだろう。

注

（1）労働政策研究・研修機構編『データブック国際労働比較2017』労働政策研究・研修機構、二〇一七年、八九ページ

（2）労働政策研究・研修機構編「男女正社員のキャリアと両立支援に関する調査結果（2）——分析編」（「ＪＩＬＰＴ調査シリーズ」No.119）、労働政策研究・研修機構、二〇一四年（http://www.jil.go.jp/institute/research/2014/documents/0119.pdf）［二〇一九年二月二十六日アクセス］

（3）John L. Holland, "A theory of vocational choice," *Journal of Counseling Psychology*, vol. 6, no. 1, 1959, pp. 35-45.

（4）Dale J. Prediger, "Dimensions underlying Holland's Hexagon:Missing link between interests and occupations?" *Journal of Vocational Behavior*, vol. 21, December 1982, pp. 259-287.

（5）Rong Su, James Rounds and Patrick Ian Armstrong, "Men and things, women and people:A meta-analysis of sex differences in interests," *Psychological Bulletin*, vol. 135, no. 6, 2009.

（6）*Ibid.*, pp. 859-884.

（7）坂爪洋美／渡辺直登「大学生の職業興味の特徴と安定性の検討——性差ならびに所属学部による違い」、経営行動科学学会年次大会準備委員会編「経営行動科学学会年次大会発表論文集」第十三号、経営行動科学学会年次大会準備委員会、二〇一〇年、一三八—一四三ページ

（8）高村静「男女若手正社員の昇進意欲——持続と変化」、佐藤博樹／武石恵美子編『ダイバーシティ経営と人材活用——多様な働き方を支援する企業の取り組み』所収、東京大学出版会、二〇一七年、一〇五—一三四ページ

（9）21世紀職業財団「育児をしながら働く女性の昇進意欲やモチベーションに関する調査（2013年度）」（https://www.jiwe.or.jp/research-report/2013motivation_women_to_work）［二〇一九年二月二十六日アクセス］

（10）横山真紀「有配偶女性の昇進意欲を規定する要因」、生活経済学会編「生活経済学研究」第四十二巻、生活経済学会、二〇一五年、二九―四一ページ

（11）森田陽子／金子能宏「育児休業制度の普及と女性雇用者の勤続年数」「日本労働研究雑誌」第四十巻第九号、労働政策研究・研修機構、一九九八年、五〇―六二ページ、松繁寿和／武内真美子「企業内施策が女性従業員の就業に与える効果」、大阪大学大学院国際公共政策研究科編「国際公共政策研究」第十三巻第一号、大阪大学大学院国際公共政策研究科、二〇〇八年、二五七―二七一ページ

（12）川口章「昇進意欲の男女比較」「日本労働研究雑誌」第五十四巻第二・三号、労働政策研究・研修機構、二〇一二年、四二―五七ページ

（13）山口一男「ホワイトカラー正社員の管理職割合の男女格差の決定要因」「日本労働研究雑誌」第五十六巻第七号、労働政策研究・研修機構、二〇一四年、一七―三二ページ、西村智／呼敏娜「非管理職女性の昇進意欲の決定要因」「経済学論究」第七十巻第四号、関西学院大学経済学部研究会、二〇一七年、二二五―四九ページ

（14）前掲ウェブサイト「育児をしながら働く女性の昇進意欲やモチベーションに関する調査（2013年度）」

（15）高田朝子「女性管理職育成についての定性的調査からの一考察――昇進の背中をおした事象とは何か」、「経営行動科学」編集委員会編「経営行動科学」第二十六巻第三号、経営行動科学学会、二〇一三年、二三三―二四八ページ、武石恵美子「女性の昇進意欲を高める職場の要因」、前掲「日本労働

研究雑誌」第五十六巻第七号、三三―四七ページ

(16) 高田朝子／横田絵理「日本企業の女性上級管理職が持つ人的ネットワークと昇進についての一考察――定性調査を中心として」、法政大学イノベーション・マネジメント研究センター編「イノベーション・マネジメント」第十二巻、法政大学イノベーション・マネジメント研究センター、二〇一五年、一―一六ページ

(17) 金井郁「女性の昇進をめぐる意識とマネジメント」、法政大学大原社会問題研究所編「大原社会問題研究所雑誌」二〇一七年六月号、法政大学大原社会問題研究所、一八―三六ページ

(18) Catherine J. Good, Aneeta Rattan and Carol S. Dweck, "Why Do Women Opt Out? Sense of Belonging and Women's Representation in Mathematics," *Journal of Personality and Social Psychology*, vol. 102, no. 4, 2012, pp. 700-717.

(19) Laurie A. Rudman and Peter Glick, *The social psychology of gender: How power and intimacy shape gender relations*, Guilford Press, 2008.

(20) 湯川隆子「大学生におけるジェンダー（性役割）特性語の認知――ここ20年の変化」、三重大学教育学部編「三重大学教育学部研究紀要 人文・社会科学」第五十三巻、三重大学教育学部、二〇〇二年、七三―八六ページ

(21) Gary N. Powell and D. Anthony Butterfield, "The "Good Manager": Masculine or Androgynous?" *Academy of Management Journal*, vol. 22, no. 2, 1979, pp. 395-403.

(22) Virginia E. Schein, "The relationship between sex role stereotypes and requisite management characteristics," *Journal of Applied Psychology*, vol. 57, no. 2, 1973, pp. 95-100.

(23) Anne M. Koenig, Alice H. Eagly, Abigail Mitchell and Tiina Ristikari, "Are leader stereotypes

masculine? A meta-analysis of three research paradigms," *Psychological Bulletin*, vol. 137, no. 4, 2011, pp. 616-642.

(24) Tomoko Adachi, "Occupational gender stereotypes: Is the ratio of women to men a powerful determinant?" *Psychological Reports: Sociocultural Issues in Psychology*, vol. 112, no. 2, 2013, pp. 640-650.

(25) Jennifer LaCosse, Denise Sekaquaptewa and Jill Bennett, "STEM Stereotypic Attribution Bias Among Women in an Unwelcoming Science Setting," *Psychology of Women Quarterly*, vol. 40, no. 3, March 2016, pp. 378-397.

(26) Claude M. Steele and Joshua Aronson, "Stereotype threat and the intellectual test performance of African Americans," *Journal of Personality and Social Psychology*, vol. 69, no. 5, 1995, pp. 797-811.

(27) Steven J. Spencer, Claude M. Steele and Diane M. Quinn, "Stereotype threat and women's math performance," *Journal of Experimental Social Psychology*, vol. 35, issue. 1, 1999, pp. 4-28.

(28) Joshua Aronson, Diane M. Quinn and Steven J. Spencer, "Stereotype threat and the academic underperformance of minorities and women," in Janet K. Swim and Charles Stangor eds., *Prejudice: the target's perspective*, Academic Press, 1998, pp. 83-103.

(29) Jeff Stone, Mike Sjomeling, Christian I. Lynch and John M. Darley, "Stereotype threat effects on Black and White athletic performance," *Journal of Personality and Social Psychology*, vol. 77, no. 6, 1999, pp. 1213-1227.

(30) Thomas M. Hess, Corinne Auman, Stanley J. Colcombe and Tamara A. Rahhal, "The impact of stereotype threat on age differences in memory performance," *The Journals of Gerontology Series B:*

Psychological Sciences and Social Sciences, vol. 58, issue. 1, 2003, pp.3-11.

(31) Jenessa R. Shapiro and Steven L. Neuberg, “From stereotype threat to stereotype threats: implications of a multi-threat framework for causes, moderators, mediators, consequences, and interventions,” *Personality and Social Psychology Review*, vol. 11, no. 2, May, 2007, pp. 107-130.

(32) Crystal L. Hoyt and Susan E. Murphy, “Managing to clear the air: Stereotype threat, women, and leadership,” *The Leadership Quarterly*, vol. 27, issue. 3, June, 2016, pp. 387-399.

(33) Sapna Cheryan, Victoria C. Plaut, Paul G. Davies and Claude M. Steele, “Ambient belonging: how stereotypical cues impact gender participation in computer science,” *Journal of Personality and Social Psychology*, vol. 97, no. 6, 2009, pp. 1045-1060.

(34) Sarah-Jane Leslie, Andrei Cimpian, Meredith Meyer and Edward Freeland, “Expectations of brilliance underlie gender distributions across academic disciplines,” *Science*, vol. 347, issue. 6219, Jan, 2015, pp. 262-265.

(35) Crystal L. Hoyt and Jim Blascovich, “The role of leadership self-efficacy and stereotype activation on cardiovascular, behavioral and self-report responses in the leadership domain,” *The Leadership Quarterly*, vol. 21, issue. 1, February, 2010, pp. 89-103.

(36) Priyanka B. Carr and Claude M. Steele, “Stereotype threat and inflexible perseverance in problem solving,” *Journal of Experimental Social Psychology*, vol. 45, issue. 4, July, 2009, pp. 853-859.

(37) Paul G. Davies, Steven J. Spencer and Claude M. Steele, “Clearing the air: identity safety moderates the effects of stereotype threat on women’s leadership aspirations,” *Journal of Personality and Social Psychology*, vol. 88, no. 2, Feb, 2005, pp. 276-287.

(38) Emily Pronin, Claude M. Steele and Lee Ross, "Identity bifurcation in response to stereotype threat: women and mathematics," *Journal of Experimental Social Psychology,* vol. 40, issue. 2, March, 2004, pp. 152-168.

(39) Courtney von Hippel, Mona Issa, Roslyn Ma and Abby Stokes, "Stereotype threat: antecedents and consequences for working women," *European Journal of Social Psychology,* vol. 41, issue. 2, 2011, pp. 151-161.

(40) Courtney von Hippel, Denise Sekaquaptewa and Matthew McFarlane, "Stereotype threat among women in finance: negative effects on identity, workplace well-being, and recruiting," *Psychology of Women Quarterly,* vol. 39, issue. 3, March, 2015, pp. 405-414.

(41) Laurie A. Rudman and Peter Glick, "Prescriptive gender stereotypes and backlash toward agentic women," *Journal of Social Issues,* vol. 57, issue.4, 2002, pp. 743-762.

(42) Cheryan, Plaut, Davies and Steele, op.cit.

(43) Albert Bandura, *Self-efficacy: The exercise of control,* Freeman Press, 1997.

(44) Jeffrey M. Pollack, Jeni L. Burnette and Crystal L. Hoyt, "Self-efficacy in the face of threats to entrepreneurial success: mind-sets matter," *Basic and Applied Social Psychology,* vol. 34, issue. 3, 2012, pp. 287-294.

(45) Stefanie Simon and Crystal L. Hoyt, "Exploring the effect of media images on women's leadership self-perceptions and aspirations," *Group Processes & Intergroup Relations,* vol. 16, no. 2, March, 2013, pp. 232-245, Loana M. Latu, Marianne Schmid Mast, Joris Lammers and Dario Bombari, "Successful female leaders empower women's behavior in leadership tasks," *Journal of Experimental Social*

Psychology, vol. 49, issue. 3, May, 2013, pp. 444-448.

(46) Laurie A. Rudman and Julie E. Phelan, "The effect of priming gender roles on women's implicit gender beliefs and career aspirations," *Social Psychology*, vol. 41, issue. 3, 2010, pp. 192-202, Elizabeth J. Parks-Stamm, Madeline E. Heilman and Krystle A. Hearns, "Motivated to penalize: women's strategic rejection of successful women," *Personality and Social Psychology Bulletin*, vol. 34, no.2, 2008, pp. 237-247.

(47) Crystal L. Hoyt and Stefanie Simon, "Female leaders injurious or inspiring role models for women?" *Psychology of Women Quarterly*, vol. 35, no. 1, 2011, pp. 143-157.

(48) Crystal L. Hoyt, "Inspirational or self-deflating: the role of self-efficacy in elite role model effectiveness," *Social Psychological and Personality Science*, vol. 4, no. 3, 2013, pp. 290-298.

(49) Peter Glick and Susan T. Fiske, "The ambivalent sexism inventory: Differentiating hostile and benevolent sexism," *Journal of Personality and Social Psychology*, vol. 70, no. 3, Mar, 1996, pp. 491-512.

(50) Ibid.

(51) Peter Glick, Susan T. Fiske, Antonio Mladinic, José L. Saiz, Dominic Abrams, Barbara Masser and et al, "Beyond prejudice as simple antipathy: Hostile and benevolent sexism across cultures," *Journal of Personality and Social Psychology*, vol. 79, no. 5, 2000, pp. 763-775.

(52) Benoit Dardenne, Muriel Dumont and Thierry Bollier, "Insidious dangers of benevolent sexism: Consequences for women's performance," *Journal of Personality and Social Psychology*, vol. 93, no.5, Nov, 2007, pp. 764-779.

（53）Muriel Dumont, Marie Sarlet and Benoit Dardenne, "Be too kind to a woman, she'll feel incompetent: Benevolent sexism shifts self-construal and autobiographical memories toward incompetence," *Sex Roles*, vol. 62, issue. 7-8, April, 2010, pp. 545-553.

（54）坂田桐子／唐晨「好意的性差別は女性の昇進意欲を阻害するか――状態自尊心の役割に注目して」「日本社会心理学会第59回大会論文集」日本社会心理学会、二〇一八年。なお、本研究は、第二著者の修士論文「好意的性差別が女性の昇進意欲に及ぼす影響」（二〇一七年）の研究二・三のデータを再分析したものである。

（55）阿部美帆／今野裕之「状態自尊感情尺度の開発」、日本パーソナリティ心理学会編集委員会編「パーソナリティ研究」第十六巻第一号、日本パーソナリティ心理学会、二〇〇七年、三六―四六ページ

（56）後藤沙奈／大塚泰正／坂田桐子「ＢＳ的言動経験尺度作成の試み」「日本社会心理学会第53回発表論文集」日本社会心理学会、二〇一二年、三一六ページ

第2章　女性管理職の声から考える
——管理職志向の変化と職場重視モデル

大槻奈巳

1　管理職志向を職場重視モデルから考える必要性

日本の管理職に占める女性管理職の割合は増えてはきているが、まだ少ないのが実情である。日本の管理的職業従事者の女性の割合は一三・二％（二〇一七年度）だったが、フィリピン四九％、シンガポール三四・二％とアジアの他国や、アメリカ四三・四％、イギリス三六・〇％などの欧米主要国と比べても低い。同じように低いのは韓国の一〇・五％だった。[1]

厚生労働省が実施した「平成29年度雇用均等基本調査（確報）[2]」をもとに、日本の女性管理職の状況をもう少しみていくと、課長相当職以上の管理職に占める女性の割合は一一・五%、係長相当職以上で一二・八%だった。役職別に女性管理職の割合をみると、部長相当職では六・六%、課長相当職では九・三%、係長相当職では一五・二%だった（企業規模十人以上）。六年前の二〇一三年度は、部長相当職では四・五%、課長相当職では六・一%、係長相当職では一〇・八%だったので、増えてはきている。ただ、おおむね規模が大きくなるほど女性管理職割合が低い傾向があり、課長相当職以上の女性管理職割合は、五千人以上規模で六・〇%である。大企業ほど女性管理職の割合が少ない傾向がある。

女性の管理職は増えてはいるが、政府が掲げる二〇二〇年に指導的立場の女性の割合を三〇%にするという目標の達成は、かなり難しい状況にある。

なぜ女性の管理職は少ないのか、どうして女性は基幹労働者になっていないのか。女性の管理職が少ない、女性が基幹労働者になっていない現状を考えるとき、これまで主に家族重視モデル――育児や家事などの家族責任を女性が負っているので女性は管理職になっていない――から研究され、支援もなされてきた。育児休業の充実や保育園を増やすといった支援、夫が育児・家事に携わる状況を作る支援は必須である。女性が育児や家事という家族責任を負っているという視点から、女性の就業継続や管理職の少なさを研究することは重要である。

一方で、家族重視モデルとともにもう一つ考える必要があるのは職場重視モデルである。職場のなかに女性が仕事を続けていけなくなる、続けていきたくなくなる、管理職を志向しなくなる構造があるのではないか。その要因をもっと考える必要があるのではないか。

例えば、岩田正美・大沢真知子らがおこなった調査では、女性たちは出産などで辞めるのではなくて、やりがいのなさや与えられている仕事の状況によって、仕事を続けていきたくなくなってしまうと指摘している。[3]

本章では、二つの調査の結果をもとに職場重視モデルから「女性がなぜ管理職になりたがらないのか」を検討する。さらに、女性管理職の五人の事例[4]から女性が管理職になることの意義を考えてみたい。

2　新入社員の管理職志向

まず、二〇一五年度に入社した新入社員の管理職志向について検討したい。現在、筆者らは一五年から五年間連続で同じ対象者に調査をおこなうパネル調査[5]を実施中（二〇一九年三月時点）だが、本章では、入社一年目（二〇一五年実施）、二年目（二〇一六年実施）、三年目（二〇一七年実施）の総合職だけを分析した調査結果を紹介する。

管理職志向と管理職をめざさない理由

管理職志向（表1）をみると、入社一年目では、男性の約九四％、女性の約六七％が「管理職をめざしたい」と考え、入社二年目では男性の約八八％、女性の約五一％が、入社三年目では男性の

2年目				3年目			
男性	女性	合計	χ^2	男性	女性	合計	χ^2
87.6%	50.8%	73.6%		84.4%	44.2%	69.1%	
12.4%	49.2%	26.4%	***	15.6%	55.8%	30.9%	***
(322)	(197)	(519)		(321)	(197)	(518)	

2年目				3年目			
男性	女性	合計	$\chi^2$1)	男性	女性	合計	$\chi^2$1)
32.5%	49.5%	44.5%		42.0%	44.5%	43.8%	
55.0%	28.9%	36.5%	**	46.0%	35.5%	38.8%	
60.0%	35.1%	42.3%	**	36.0%	55.5%	49.4%	*
50.0%	69.1%	63.5%	*	46.0%	70.0%	62.5%	**
—	13.4%	9.5%	*	2.0%	20.9%	15.0%	**
15.0%	17.5%	16.8%		18.0%	20.9%	20.0%	
7.5%	5.2%	5.8%		20.0%	2.7%	8.1%	***
(40)	(97)	(137)		(50)	(110)	(160)	

表1　管理職志向の有無と管理職をめざしたくない理由

	1年目			
	男性	女性	合計	χ^2
管理職志向あり	94.4%	66.8%	83.9%	
管理職志向なし	5.6%	33.2%	16.1%	***
合計（n）	(321)	(196)	(517)	

管理職をめざしたくない理由（管理職志向なしだけ）

	1年目			
	男性	女性	合計	$\chi^2$1)
自分には能力がないから	22.2%	46.2%	41.0%	
仕事の量が増えるから	44.4%	18.5%	24.1%	*
責任が重くなるから	33.3%	26.2%	27.7%	
仕事と家庭の両立が困難になるから	44.4%	70.8%	65.1%	*
周りに同性の管理職がいないから	—	13.8%	10.8%	
もともと長く勤める気がしないから	22.2%	15.4%	16.9%	
その他	22.2%	3.1%	7.2%	*
合計	(18)	(65)	(83)	

※1）期待値が5未満のセルがある場合は「フィッシャーの直接法」による検定
１年目から3年目すべての回答者で総合職のみ分析
（+ P<.10、* P<.05、** P<.01、*** P<.001）

約八四％、女性の約四四％の者が「管理職をめざしたい」と考えていた。男性のほうが女性よりも管理職志向が高く、入社二年目は一年目よりも、入社三年目は二年目よりも管理職志向は男女ともに下がり、女性の下落は、男性よりも大きいことがわかる。

管理職をめざしたいと思わない理由を聞いたところ、男性は入社一年目では「仕事の量が増えるから」「仕事と家庭の両立が困難になるから」という回答が最も多く（それぞれ約四四％）、次に「責任が重くなるから」（約三三％）だった。女性は、「仕事と家庭の両立が困難になるから」（約七一％）が最も多く、次に「自分には能力がないから」（約四六％）だった。男性の入社二年目では、「責任が重くなるから」（約六〇％）、「仕事の量が増えるから」（約五五％）、女性では、「仕事と家庭の両立が困難になるから」（約六九％）、「自分には能力がないから」（約五〇％）だった。

入社三年目をみてみると、男性は「仕事の量が増えるから」（約四六％）、「責任が重くなるから」（約四六％）、「自分には能力がないから」（約四二％）、女性は「仕事と家庭両立が困難になるから」（七〇％）、「責任が重くなるから」（約五六％）だった。一年目、二年目、三年目も、女性は「仕事と家庭の両立が困難になるから」を、男性は「仕事の量が増えるから」を理由にあげていて、男性と女性の理由は異なる傾向となっている。女性の場合は、約七〇％が仕事と家庭の両立という理由を挙げていて、家族責任を負うと考えられている女性ゆえの理由となっている。さらに、職場の要因からも考えてみたい。

働く状況と意識

表２は入社一年目、二年目、三年目の働く状況と意識を分析したものである。入社二年目、三年目にどのような仕事に就いているかをみると、分析の対象は全員が総合職だが、「男女どちらが担当することが多い仕事か」と聞いたときに、二年目の女性の約一七％が三年目の女性の約一三％が「主に、女性が担当する仕事に就いている」と回答している。男性と異なる傾向がある。

求められる能力として、リーダーシップを求められていないという回答の割合は二年目の女性で約三六％、男性で約二二％、三年目の女性で約二四％、男性で約二〇％である。

将来のキャリアにつながる仕事をしているという回答は、三年目の男性で約七五％、女性で約六九％で差はなかった。ただ、入社一年目は男女ともに九〇％近くが将来のキャリアにつながる仕事をしていると回答しているので、一年目から三年目で約一五％から二〇％が将来のキャリアにつながる仕事をしていないに回答が変化していることになる。

仕事の満足度は、「満足」という回答が男女ともに一年目で八〇％程度だったが、三年目で仕事に「満足」という回答が、男女ともに六割弱になった。本調査は企業の人事を通しておこなったが、その状況下で約四割が仕事に不満と回答しているのは、わりと高めの数字と考えられるのではないだろうか。

仕事の能力を高めたいかについては、入社一年目は男女ともに九〇％近くが高めたいと回答している。三年目では、男性は九割弱が仕事の能力を高めたいと回答し、女性で高めたいと回答した者は八割弱に減っていて、異なる傾向にある。

つまり、男性と女性を比べると、女性は男性よりも「主に女性が担当する仕事」についている傾

2年目				3年目			
男性	女性	合計	χ^2	男性	女性	合計	χ^2
43.8%	38.9%	41.9%		41.0%	37.9%	39.8%	
51.9%	43.9%	48.8%		56.2%	49.0%	53.5%	
4.3%	17.2%	9.2%	***	2.8%	13.1%	6.7%	***
(322)	(198)	(520)		(322)	(198)	(520)	
77.6%	75.8%	76.9%		74.5%	69.2%	72.5%	
22.4%	24.2%	23.1%		25.5%	30.8%	27.5%	
(322)	(198)	(520)		(322)	(198)	(520)	
64.3%	62.6%	63.7%		59.6%	58.6%	59.2%	
35.7%	37.4%	36.3%		40.4%	41.4%	40.8%	
(322)	(198)	(520)		(322)	(198)	(520)	
78.3%	64.1%	72.9%		81.1%	75.8%	79.0%	
21.7%	35.9%	27.1%	***	18.9%	24.2%	21.0%	
(322)	(198)	(520)		(322)	(198)	(520)	
90.1%	81.8%	86.9%		87.3%	78.3%	83.8%	
9.9%	18.2%	13.1%	**	12.7%	21.7%	16.2%	**
(322)	(198)	(520)		(322)	(198)	(520)	
48.1%	31.3%	41.7%		44.1%	29.3%	38.5%	
51.9%	68.7%	58.3%	***	55.9%	70.7%	61.5%	***
(322)	(198)	(520)		(322)	(198)	(520)	

表2　働く状況と意識

		1年目			
		男性	女性	合計	χ^2
男女どちらが担当する仕事か	多くの場合、男性が担当する仕事	1年目なし			
	男女どちらともいえない				
	多くの場合、女性が担当する仕事				
	合計（n）				
将来のキャリアにつながる仕事をしている	あてはまる・計	88.5%	88.4%	88.5%	
	あてはまらない・計	11.5%	11.6%	11.5%	
	合計（n）	(322)	(198)	(520)	
満足度：仕事	満足・計	77.6%	80.8%	78.8%	
	不満・計	22.4%	19.2%	21.2%	
	合計（n）	(322)	(198)	(520)	
求められる能力はリーダーシップ	求められる・計	1年目なし			
	求められない・計				
	合計（n）				
仕事の専門能力を高めたい	思う・計	90.1%	90.9%	90.4%	
	思わない・計	9.9%	9.1%	9.6%	
	合計（n）	(322)	(198)	(520)	
家族を経済的に養うのは男性の役割だ	思う・計	54.7%	29.8%	45.2%	
	思わない・計	45.3%	70.2%	54.8%	***
	合計（n）	(322)	(198)	(520)	

＊1年目から3年目すべての回答者で総合職だけ
（+ P<.10、* P<.05、** P<.01、*** P<.001）

向があり、リーダーシップを求められず（二年目）、女性自身の仕事の能力を高めたいという志向は、一年目から三年目で一〇％以上減っていた。また、前述したように将来のキャリアにつながる仕事をしているという意識、仕事の満足度は、男女ともに一年目よりも二年目に二〇％程度下がっている状況があった。

管理職志向と働く状況・意識

次に、管理職志向と働く状況・意識をみてみたい（表3）。管理職をめざしたいと思う／思わないに主に関連していたのは、女性の場合は、「主に女性が担当する仕事」をしている場合（二年目、三年目）、家族を養うのは男性の役割と思っている場合（二年目、三年目）に管理職志向がみられなかった。男性の場合は、仕事満足度が低い場合（二年目）に管理職志向がみられなかった。また男女ともに、将来のキャリアにつながる仕事をしていないと考えている場合に管理職志向がみられないという結果になった（除く男性三年目）。

管理職志向に影響を与える要因として、「男女どちらが担当する仕事か」「将来のキャリアにつながる仕事をしているか」「仕事満足度」「リーダーシップを求められているか」「仕事の専門能力を高めたいか」「家族を養うのは男性の役割と考えるか」をあげ、管理職志向に最も影響を与えている要因を検討した。

男性は、入社二年目は、仕事の満足度が高い場合、三年目は将来につながる仕事をしていると思っている場合、家族を養うのは男性の役割と考えている場合、リーダーシップを求められている場合（傾向）に管理職をめざしたいと考えていた。

女性は、入社二年目は将来のキャリアにつながる仕事をしていると思っている場合に、三年目は仕事の満足度が高い、仕事の専門能力を高めたいと思っている場合に管理職志向があった。一方で、女性の二年目、三年目では主に女性が担当する仕事をしていることは管理職志向にマイナスの影響を与えていた。

管理職志向の変化とその要因

入社一年目、二年目、三年目の管理職志向の変化についてみてみたい。先にも述べたが、「管理職をめざしたいか」について、一年目には男性の約九四％の人が管理職志向だったが、女性は約六七％しかいなかった。二年目の調査で「管理職をめざしたい」が男性で約八八％、女性で約五一％になっていた。一年目と三年目を比べて管理職志向が「あり」から、「なし」に変わった人は、男性で約一三％、女性で約二五％いる。男性も下がっているが、女性の下がり方は大きい。

そこで、どのような要因が、一年目の管理職志向「あり」から三年目管理職志向「なし」への変化に関連しているのかを検討した。男性は、家族を養うのは男性の役割と考えていない場合、リーダーシップを求められていない場合、管理職志向が「あり」から「なし」になる傾向がみられた。

女性は、仕事に不満足の場合、「女性が働きやすい」職場でないと考えている場合、また「結婚、子どもの誕生後もいまの会社で長く働き続けたい」と思わない場合、管理職志向が「あり」から「なし」になる傾向があった。

将来のキャリアにつながる仕事をしている		
あてはまる・計	あてはまらない・計	χ^2
95.8%	83.8%	
4.2%	16.2%	
(284)	(37)	**
70.1%	40.9%	
29.9%	59.1%	
(174)	(22)	**
89.6%	80.6%	
10.4%	19.4%	
(250)	(72)	*
54.7%	38.3%	
45.3%	61.7%	
(150)	(47)	*
85.8%	80.5%	
14.2%	19.5%	
(239)	(82)	
50.4%	30.0%	
49.6%	70.0%	
(137)	(60)	**

満足度：仕事		
満足・計	不満・計	χ^2
95.6%	90.1%	
4.4%	9.9%	
(250)	(71)	+
68.1%	61.1%	
31.9%	38.9%	
(160)	(36)	
92.8%	78.3%	
7.2%	21.7%	
(207)	(115)	***
50.8%	50.7%	
49.2%	49.3%	
(124)	(73)	
86.9%	80.8%	
13.1%	19.2%	
(191)	(130)	
53.9%	30.5%	
46.1%	69.5%	
(115)	(82)	***

仕事の専門能力を高めたい		
思う・計	思わない・計	χ^2
94.9%	93.8%	
5.1%	6.2%	
(175)	(146)	
58.6%	70.3%	
41.4%	29.7%	
(58)	(138)	
87.9%	84.4%	
12.1%	15.6%	
(290)	(32)	
52.5%	42.9%	
47.5%	57.1%	
(162)	(35)	
85.0%	80.5%	
15.0%	19.5%	
(280)	(41)	
49.4%	25.6%	
50.6%	74.4%	
(154)	(43)	**

家族を経済的に養うのは男性の役割だ		
思う・計	思わない・計	χ^2
94.1%	96.9%	
5.9%	3.1%	
(289)	(32)	
69.7%	38.9%	
30.3%	61.1%	
(178)	(18)	**
89.7%	85.6%	
10.3%	14.4%	
(155)	(167)	
40.3%	55.6%	
59.7%	44.4%	
(62)	(135)	*
90.8%	79.4%	
9.2%	20.6%	
(141)	(180)	
31.0%	49.6%	
69.0%	50.4%	
(58)	(139)	*

表3　働く状況・意識と管理職志向

			男女どちらが担当する仕事か			
			多くの場合、男性が担当する仕事	男女どちらともいえない	多くの場合、女性が担当する仕事	χ^2
1年目	男性	管理職志向あり	1年目なし			
		管理職志向なし				
		合計				
	女性	管理職志向あり				
		管理職志向なし				
		合計				
2年目	男性	管理職志向あり	85.1%	90.4%	78.6%	
		管理職志向なし	14.9%	9.6%	21.4%	
		合計	(141)	(167)	(14)	
	女性	管理職志向あり	61.0%	50.0%	29.4%	
		管理職志向なし	39.0%	50.0%	70.6%	
		合計	(77)	(86)	(34)	**
3年目	男性	管理職志向あり	82.6%	85.6%	88.9%	
		管理職志向なし	17.4%	14.4%	11.1%	
		合計	(132)	(180)	(9)	
	女性	管理職志向あり	41.3%	52.6%	20.0%	
		管理職志向なし	58.7%	47.4%	80.0%	
		合計	(75)	(97)	(25)	*

			求められる能力リーダーシップ		
			求められる・計	求められない・計	χ^2
1年目	男性	管理職志向あり	1年目なし		
		管理職志向なし			
		合計			
	女性	管理職志向あり			
		管理職志向なし			
		合計			
2年目	男性	管理職志向あり	87.7%	87.1%	
		管理職志向なし	12.3%	12.9%	
		合計	(252)	(70)	
	女性	管理職志向あり	53.2%	46.5%	
		管理職志向なし	46.8%	53.5%	
		合計	(126)	(71)	
3年目	男性	管理職志向あり	86.2%	76.7%	
		管理職志向なし	13.8%	23.3%	
		合計	(261)	(60)	*
	女性	管理職志向あり	46.7%	36.2%	
		管理職志向なし	53.3%	63.8%	
		合計	(150)	(47)	

＊1年目から3年目すべての回答者で総合職だけ
(+ P<.10、* P<.05、** P<.01、*** P<.001)

表4　管理職意識に影響を与えている要因

		1年目		2年目		3年目	
		β		β		β	
男性	男女どちらが担当する仕事か（参照：主に男性）						
	どちらとも	—		.041		.070	
	主に女性	—		.033		.079	
	将来のキャリアにつながる仕事をしている	.308	***	.007		.146	*
	仕事満足度	.059		.199	**	.092	
	求められる能力：リーダーシップ	—		.093		.094	+
	仕事の専門能力を高めたい	-.051		-.048		-.068	
	家族を経済的に養うのは男性の役割だ	.121	*	.053		.138	*
	定数		***		***		***
	調整 R2/ 分散分析	.115	***	.065	***	.037	**
	(n)	(321)		(322)		(321)	
女性	男女どちらが担当する仕事か（参照：主に男性）						
	どちらとも	—		-.077		-.006	
	主に女性	—		-.181	*	-.178	*
	将来のキャリアにつながる仕事をしている	.207	**	.283	**	.005	
	仕事満足度	-.024		-.088		.176	*
	求められる能力：リーダーシップ	—		.094		.013	
	仕事の専門能力を高めたい	.238	***	.103		.248	**
	家族を経済的に養うのは男性の役割だ	-.074		-.050		-.100	
	定数		**		**		**
	調整 R2/ 分散分析	.1100	***	.156	***	.129	***
	(n)	(196)		(197)		(197)	

＊1年目から3年目すべての回答者で総合職だけ
(+ P<.10、* P<.05、** P<.01、*** P<.001)

表5　管理職志向の変化

		性別			
		男性	女性	合計	χ^2
管理職志向１年目	合計	321	196	517	
	管理職志向あり	94.4%	66.8%	83.9%	
	管理職志向なし	5.6%	33.2%	16.1%	***
管理職志向２年目	合計	322	197	519	
	管理職志向あり	87.6%	50.8%	73.6%	
	管理職志向なし	12.4%	49.2%	26.4%	***
管理職志向３年目	合計	321	197	518	
	管理職志向あり	84.4%	44.2%	69.1%	
	管理職志向なし	15.6%	55.8%	30.9%	***
管理職志向変化1-2年目	合計	321	195	516	
	あり→なし	7.8%	20.5%	12.6%	
	なし→あり	0.9%	4.6%	2.3%	
	あり→あり	86.6%	46.7%	71.5%	
	なし→なし	4.7%	28.2%	13.6%	***
管理職志向変化1-3年目	合計	320	195	515	
	あり→なし	12.8%	25.1%	17.5%	
	なし→あり	2.8%	3.1%	2.9%	
	あり→あり	81.6%	41.5%	66.4%	
	なし→なし	2.8%	30.3%	13.2%	***

＊1年目から3年目すべての回答者で総合職のみ
（+ P<.10、* P<.05、** P<.01、*** P<.001）

「女性だから」管理職志向が低いのではない

新入社員の管理職志向について検討してきた。日本で女性管理職が少ない状況は、「女性自身が管理職になりたくないと思っているから」といわれることが多い。新入社員の管理職志向も男性より女性のほうが低く、女性の管理職になりたくない理由は「仕事と家庭の両立が困難になるから」が第一位だった。

しかし、家族責任を負うことだけがその理由ではなかった。職場に、女性職を割り当てられ、リーダーシップを男性よりは求められない状況があった。女性職を割り当てられていることは女性の管理職志向にマイナスの影響を与えていた。また、入社三年目の女性の管理職志向は、仕事の専門能力を高めたいという意識、仕事満足度、担当している仕事の状況に影響されていた。つまり、仕事から得られるもの、仕事の状況に管理職志向は影響されているのである。

管理職の女性が少ない理由を女性自身に求めるのではなく、職場や仕事の状況が女性にとって続けていきたいと思うものか、いま一度考える必要がある。

また、入社三年目の女性の管理職志向に影響を与える要因は、仕事の専門能力を高めたいという意識、仕事満足度、担当している仕事の状況であり、これらは「現在」の職場や仕事のあり方、「現在できること」である。

一方、入社三年目の男性の管理職志向に影響を与えている要因は、将来のキャリアにつながる仕事をしている、家族を経済的に養うのは男性の役割だという意識であり、「将来をみすえた」仕事のあり方が影響しているともいえる。

二年目の女性の管理職志向をみると、三年目の男性と同様の「将来」をみすえた管理職志向だったが（将来のキャリアにつながる仕事をしているか）、それが三年目に「現在」に焦点を当てた志向に変化し、一方で、男性の管理職志向は二年目の「現在」に焦点を当てた志向から（仕事満足度）、三年目の「将来」に焦点を当てた志向に変化したといえるのではないだろうか。

分析をより進める必要があるが、女性は「現在」、男性は「将来」をふまえての管理職志向といえるかもしれない。男性は社内で人材育成の大きな流れに乗ればいい構造があるが、女性は将来までを考えることができず、現在の結果を出す、いまできることをやるという傾向の表れであるなら、女性も「将来」をふまえた管理職志向をもてるよう、職場の管理職は女性を育てていく必要があるだろう。

3　若年層男女の管理職志向

管理職志向の国際比較

「日本の女性の管理職志向は低い」とよく言われるが、国際比較をしてみると日本の男性の管理職志向も、それほど高いわけではない。若年層を対象に実施した国際比較調査(6)の結果を紹介したい（表6）。日本の男性で管理職志向をもつ人たちは約半数（管理職をめざしたい「とてもそう思う」＋

表6　管理職志向の国際比較

		日本		韓国		イタリア		カナダ	
		男性(353)	女性(437)	男性(281)	女性(299)	男性(279)	女性(184)	男性(116)	女性(155)
管理職をめざしたい	とてもそう思う	28.6%	8.0%	53.4%	39.8%	21.9%	17.9%	25.9%	31.0%
	まあそう思う	24.4%	17.8%	34.5%	31.8%	46.2%	44.0%	48.3%	35.5%
	あまりそう思わない	34.6%	50.1%	11.4%	27.4%	22.2%	27.2%	20.7%	27.7%
	まったくそう思わない	11.6%	23.8%	0.7%	1.0%	7.9%	8.7%	5.2%	5.8%
	無回答	0.8%	0.2%	—	—	1.8%	2.2%		

「まあそう思う」）であり、ほかの国に比べても低い数字となっている。イタリアは約六八％、韓国は約八八％、カナダは約七四％である。日本の女性で管理職志向をもつ人たちは回答者の二五％程度で、ほかの国と比べるとかなり低い。

男性はもっと得るため、女性は維持していくための管理職志向

この調査は、日本では二十五歳から三十歳の男女を対象としておこなった。日本の調査結果の知見として、男性は年収が高いほうが、また女性は職を失う不安をもつという人のほうが管理職志向が高かった。男女に共通しているのは、仕事の専門能力を高めたいと思っている人のほうが、そうでない人よりも、加えて社会的成功志向が強い人のほうがそうでない人よりも管理職志向だった。つまり、男性は現在もっている人がもっと得るため、女性は現在手元にあるものを維持していくために管理職志向につながっているという結果が出ている。

女性のほうが男性よりも働く状況が厳しい

これはどういうことなのだろうか。調査時点では就業中の者だけを対象に分析したが、分析結果を見ると、女性のほうが男性よりも働く状況が厳しい状況があった。

初職と現職の変化をみてみると、初職で男性の約七五％は正規雇用の仕事に就き、約二〇％が非正規雇用の仕事に就いていた。女性の場合は、女性の約六四％しか初職で正規雇用には就いておらず、三〇％が非正規雇用の仕事に就いていた。現職をみてみると、男性は正規雇用の割合が上がっているが、女性の正規雇用割合はさらに下がり、非正規雇用の割合が増えている。男女ともに、初職で非正規雇用になる人はある程度の割合でいるが、女性のほうが男性よりも初職で非正規雇用の傾向があり、女性は男性よりも非正規雇用から正規雇用になれない傾向がみられた。

転職の状況をみてみると、男女ともに半数近くが転職経験者であり、既婚の女性は七五％程度が転職経験者だった。初職を辞めた理由については、男女ともに「給与や労働条件が悪かった」「仕事内容が悪かった」「もっといい仕事が見つかった」が上位ではあるが、未婚女性の約一八％が「病気や体調不良のため」に辞めたと回答している。この一八％は大きな割合である。一方で、男性は五％未満である。転職理由として、「もっといい仕事が見つかったから」という前向きな転職理由を既婚男性の約三〇％、未婚男性の約二〇％が回答していることに鑑みると、女性の場合は、マイナスの要因で転職する傾向が男性よりもあると考えられる。

「三か月以上無職期間があった」という回答は既婚女性で約四〇％、未婚女性で約三〇％強、未婚男性で約三〇％弱、既婚男性で約二〇％であり、女性のほうが無職期間を経験をしている割合が高い。「仕事を探す苦労」は既婚女性で約四〇％、未婚女性で約四五％、未婚男性は約四〇％、既婚男性で約三五％が経験があるという結果となった。「やむを得ず短期間の仕事をした」のは、女性は四人に一人、既婚男性は七人に一人、未婚男性は五人に一人が経験している。

この調査対象者は当時二十五歳から三十歳で、その当時の就職超氷河期に職に就いた人というのが影響しているかもしれないが、人々の働く状況が厳しいことがうかがえ、女性のほうが男性よりも厳しい状況にあることがわかる。女性は男性よりも初職で非正規雇用に就く傾向があり、現職ではその傾向がさらに強まり、転職理由もマイナスの要因であり、三カ月以上の無職期間や仕事を探す苦労を男性よりも経験している。

年収を見てみると、既婚男性と未婚男性を比べると既婚男性のほうが未婚男性よりも高く、既婚男性・未婚男性と未婚女性を比べると、既婚男性・未婚男性のほうが未婚女性よりも高い。

社会的に成功する志向性をどのくらいの人がもっているのかをみると、未婚男性で七二％、既婚男性で七六％、未婚女性で六三％、既婚女性で五八％だった。既婚女性の状況を分析すると、自分自身の社会的成功志向はあまり高くないが、配偶者の社会的成功の期待は高く、配偶者の社会的成功で自分も成功と考える傾向があった。

「仕事の専門能力を高めたい（とてもそう思う＋まあそう思う）」は既婚男性で九二％、未婚男性九二％、既婚女性八一％、未婚女性八六％である。その一方で、先に述べたように、「管理職をめざしたい（とてもそう思う＋まあそう思う）」は、既婚男性で五八％、未婚男性で五一％、既婚女性で二一％、未婚女性で二七％と、韓国、イタリア、カナダと比べても低い状況にある。

管理職志向に影響を与える要因

管理職志向に与える要因について、いろいろな要因（「年収」「雇用の不安定」「転職経験」「雇用形態」「仕事満足度」「仕事を探す苦労の経験」「社会的成功志向」「中卒時の暮らし向き」「中卒時の母就業有無」「男性と女性は本質的に違う」「仕事の専門能力を高めたい」）との関連を分析し、いったいなんの要因が最も影響を与えているのかを検討した。最も影響を与えていた要因は、男性は、年収が高い人のほうが管理職志向であり、女性は、いまある仕事を失う不安をもつ人のほうが管理職志向だった。また男女ともに、仕事の専門能力を高めたいと思っている人、社会的成功志向が高い人のほうが管理職志向が高いという傾向があった。

また、仕事の専門能力を高めたいことに何が影響しているのか分析した。いちばん関連が強かったのが管理職志向だった。管理職志向と専門的能力を高めたいというのは強い関係にあり、管理職志向の人は専門能力を高めたいと思っていて、専門能力を高めたいと思っている人は、管理職にもなりたいという傾向がみられた。

現在、社内で管理職になるキャリアプロセスだけではなく、社内専門職のような従来とは異なる将来の仕事のあり方を設けている会社が増えてきている。日本の管理職志向の低さは、社内専門職として残っていけばいいと考え、社内専門職を志向しているからなのではないかと推測していたが、そのような結果ではなかった。専門能力を高めたいと思っている人は管理職志向も高く、管理職志向が高い人は専門的能力も磨きたいと考えていた。

山田昌弘は「希望格差社会」(7)という指摘をしている。山田によると、「勝ち組」「負け組」の格差が拡大し、「努力は報われない」と感じた人々からは希望が消滅し、日本は将来に希望がもてる人と絶望する人に分裂する「希望格差社会」に突入しつつあるという。自分がどこまでいけるのかという希望をもつかもたないかで、その人の管理職志向に影響している可能性はあるだろう。

4 管理職になってみて——女性管理職の事例

ここからは管理職になった四十代から五十代の女性五人の事例を紹介する。彼女たちが管理職になった意義はなんなのか。どのような経緯で管理職になったのか、管理職になって働き方は変わったのだろうか。事例から考えてみたい。

管理職になって仕事がしやすくなった——Aさん

Aさんは、四十代はじめにメーカーに勤務している。入社十六年目に課長に昇格した。新卒入社後、最初の配属先は、地方都市にある法人対象のルートセールスをおこなう部門だった。帰国子女だったこともあり、海外営業を担当したかったので、希望とは違っていた。二年後に東京の営業部門に異動して営業チャネルの新規開拓や総合スーパーの営業を担当していたが、入社四年目と五年目に第一子と第二子を続けて出産する。通算で一年半育児休業を取得し、第二子出産から三カ月後にフルタイムで職場に復帰した。夫とは最初の配属先があった地方都市で出会っている。

復帰後は、販売会社の総務部門を五年間、人事部門を三年間、全社の教育担当を三年間担当した。係長になったのは入社八年目で、同期よりも二年ほど遅かった。主任になったのは入社十一年目で、このときは同期よりも一、二年早く昇進し、課長になったのは入社十六年目、このとき同期で課長になっていたのは自分ともう一人だけだった。

管理職になる評価を最初に得たのは、総務部門のときにセールスマニュアル作りや教育体系作りをおこなったときである。単にセールスマニュアルを作った、教育体系を作ったのではない。社内研修の受講生たちが売り場に戻ったとき、どう売り場を作ってそれが売り上げにどう影響したかを見通してマニュアルを作り、教育体系を作った。自分の部署にとどまらず、ほかの部門と連携して仕事をしている姿勢、推進していく力や、やりきる力が評価されたと思っている。仕事に対するこれらの姿勢は、入社したときから一貫しておこなってきたことでもあった。

入社十二年目に会社から女性リーダー育成プログラムに派遣された。会社はいずれ自分を管理職にしようと考えているのかもしれないと思ったが、自分には自信がなかった。しかし、このときに社外の多くの女性管理職に出会い、心のハードルは低くなるとともに、みんな大変だといいながら、管理職を降りたいという人がいないことに気がついた。入社十五年目ぐらいのときには、当時の女性上司に「いずれ管理職にするのでそのつもりで仕事にあたれ」と言われ、自分の業務以外に組織運営や部門連携を考えながら仕事をした。入社十六年目で管理職への昇格を打診されたときは、

「何がきても断わらない」と決めていたので、自信はなかったが引き受けた。

　管理職になって、人、モノ、カネに関する情報量が増えたと実感している。自分でこんな会社にしたい、こんな人材を育てたい、こんな働き方をしたいなどについて、ある程度決めることができるのも大きいという。一人で出せる成果は限られているが、管理職としてチームをまとめ、チームとして働くことで大きな成果や達成感を得られている。また、限られた人員でどう成果を出していくか――効率や経費、部下のやる気や育成について考えるようになった。部下の生活もかかっているので、責任は重い。人の心をつかんで同じ方向に進むのは難しいと思うし、部下が全員年上なのでちょっと遠慮してしまう自分がいるが、「全体最適視点」で仕事をする自分の強みをマネジメント職で生かせると考えている。

　管理職になって月の収入は一・三倍から一・四倍になった。これだけ増えたのは、昇格前の残業時間が少ないことと昇格後の評価がプラスだったからである。昇格前の時間外労働が多く、昇格後の評価が平均だった場合は、収入の逆転現象が起きることもあるという。働く時間に制約がある女性のほうが昇格後の賃金に対する満足度は高いのではないか、とAさんは思っている。

　いままで多くの人に助けてもらってここまでやってきたと思っているが、助けてもらえる人になったのは、自分が誰かを助けるのは当たり前と思って仕事をしてきたからだと思う。いやなことは率先してやってきた。見てくれている人がいるのかもしれないと思う。

　さまざまなアルバイトを経験した大学時代にみんなで何かを一緒に達成する楽しさを知り、それが仕事を進めていくうえでの一つの力になっているという。入社してから管理職になりたいととりたてて思ってはいなかったが、子どものころに女性が男性と同じように働いている姿を見て驚いたり、男女雇用機会均等法成立のニュースを覚えていたりと、幼いころから女性が働くことへの関心や男性と同じようなことをしたいという意識は強かった。

女性で不利なことはないが、短時間勤務はとらなかった。長時間労働を是とする社会では短時間勤務はとらないほうがいいと思った。女性で有利なこともあり、女性だから許される発言もある。ただ、とっぴな発言はしないようにしてきた。

Aさんと夫の家事分担は平日三日を夫、平日二日をAさんが担当という完全分担制で、週末は一緒におこなっている。夫は自営業なので時間の融通がわりときくという。家事は完璧にやりすぎないことが大事と思っている。今後、新しい働き方（例えば在宅勤務）などができたのであれば、よりいい仕事生活と家庭生活になっていくのではないかと考えている。

Aさんは、若年層の管理職志向が低いことはもったいないという。管理職になると自分で判断できるようになるし、スケジュールも決めることができるので、仕事はやりやすくなる。「長い時間働く」のではなく、「成果で評価」されるようにしないと、いつまでたっても女性は男性と同じ土俵に立てない。また、女性も男性も「お母さんが子どものそばにいないと」という「神話」はやめたほうがいいと思っている。この「神話」に男性も女性もかなり影響されているが、大事なのは「お母さんとお父さんが協力して子どもを育てる」ことだと考えている。

男性は入社してからなんとなく「昇進」を考えていて、また社内でそういわれながら育てられるが、女性は「昇進」を意識していない。入社したときには男性よりも女性のほうが優秀だと思う人材が多いのに、管理職登用をもちだすと「自分はできないと思う」という人が多いように感じている。やってみること、断わらないことが重要で、できないときは助けてくれと言えばいい。女性は、完璧にできないとダメと思ってしまっている。完璧にできる人などいないので、やってみればいいのではないかと思う。

今後は、グローバルな仕事に関わっていけたらと考えている。判断力や先見性をもっと磨いて、昇進してより多くの部下を幸せにできれば、また多くの人が人生を充実させて生活できることに貢献できればと思っている。

子育てで有休使いきっているときに昇格して――Bさん

Bさんは四十代前半で、教育関連の組織で働いている。大学卒業時は就職超氷河期だった。小売業の会社から総合職として内定を得ていたが、なにか違うと感じて内定を辞退した。その後、就職支援課に貼ってあった求人票を見て教育組織での仕事に興味をもって応募し、採用になった。現在に至るまで同じ組織で働き続け、二〇一八年に課長代理になった。

就職したときは「とりあえず働いてみよう」という気持ちで、ずっと働き続けようといった強い思いがあったわけではなかった。専業主婦の母親からは「三年はがんばれ」と言われたことを覚えている。すぐに辞めてしまうと心配されていたのかもしれない。父親は典型的な団塊世代の会社員だったが、がむしゃらに働きながらも、どこか楽しそうにしていた姿を覚えていて、その姿は自分が働くうえでも参考にしてきたという。

最初に配属された課では、顧客と接する組織の基本的な業務を担当した。四年目に新しい課の立ち上げメンバーとして異動し、八年目に三つ目の職場に移った。三つ目の職場には八年間勤務したが、産休・育休を取得して出産し、子どもが一歳になるときに復職した。自分と子どもで自宅にいるよりも、子どもは保育園という広い世界にいたほうがいいと考えていたし、そうなってよかったと思っている。

復職後は育休前と同じ部署に一カ月在籍、その後、管理部門に異動になった。管理部門に異動になったときは、育休産休を取得して時短勤務だから管理部門になったのだとマイナスに捉えていたが、手に負えないほどの仕事が待っていて、仕事を通して組織の仕組みがわかって勉強になることが多かった。それまでの部署では人と接する仕事をしてきたので、事務処理を中心に業務をおこなうのはきついと思うこともあったが、新たな視点を得ることになった。管理部門には五年間在職したが、二〇一六年に主任に昇格している。一八年に再び人と接する業務をおこなう部署に異動し、その際に課長代理になった。

Ｂさんは、管理職というのはカリスマがあり、花があるリーダーがおこなうもの、自分とは別世界のことと思っていた。ただ、二〇一六年に主任に昇格したときは、自分は育休明けで戻ってきて三年目、時短勤務はようやく終わったが、有休を使いきっているような状況で、このような働くママが昇格できるとは思っていなかったので、自分に自信がつき、自分を昇格させてくれた組織や仕事への意識は変わったという。誰とでもコミュニケーションできるところが評価されたのかなと思っている。管理職になったときに先輩の女性管理職から「管理職になったら自分の判断でやれる立場になるので、「面白い」と言われた。たしかに管理職は自分が思う方向に物事を進めることができると考えている。

Bさんの上司の課長は他課と兼任なので、実質上Bさんが担当課を取りまとめている。心がけているのは、課をあげてダラダラ残業をしないことである。ここ十年間で組織全体の時間外勤務をしないという意識は浸透してきているが、Bさんは特に出産してから、自分の仕事効率やタイムマネジメントの能力は高まったという。Bさんの夫は忙しく、家事・育児はほぼBさんが担当している。自宅と保育園を勤務先から徒歩圏内にしたことが勤務を続けられた理由の一つと思っている。

今後は目の前の仕事をこなしていくことを大切にし、そのなかでさらに昇進したいと思えば、それもいいと思っている。いまは、女性も男性と同じように組織のなかで活躍できる時代だと思う。女性だから、育児があるからといって仕事を辞めないほうがいい。一度辞めると戻るのは大変である。一時的に組織にぶらさがるようなことがあってもいいと思うので、若い人たちには簡単に仕事を辞めずに続けていってほしいと思う。Bさんはそんなふうに考えている。

めんどくさい人にならない――Cさん

Cさんは四十代半ば、卸売業の会社の部長である。就職活動をおこなったときは超氷河期と言われたときで、内定をもらうのは大変だった。大学生のときに販売のアルバイトをおこなったことがあり、人を対象とする仕事ではなく、会社と会社の間の仕事がいいと思っていた。Cさんは、いちばん最初に内定をもらった会社に就職した。

勤務した会社は、営業は男性、管理部門は女性と性別によって仕事がはっきり分かれている組織だった。Ｃさんは一般職として採用になり、人事部に配属となる。採用アシスタント、人事給与担当などを経て、二年目に採用担当に軸を移し、入社六年目から採用担当と教育の専任として働いた。その後、社長が変わり、大きな変革があった。それまでは総合職と一般職の雇用管理区分があったのだが、それらは総合職だけに統一され、一般職の女性も全員総合職となった。Ｃさんもこのときに一般職から総合職になっている。

Ｃさんは入社六年目に主任になった。それまで男性は女性よりも一年早く主任になっていたが、Ｃさんは男性と同じときに昇進している。当時、システムの入れ替え作業があり、三カ月間休みなく仕事をしていた――男性並みに時間をかけていた――のが評価されたという。

三十代半ばで課長になり、四十代になったばかりのときに部長に昇進した。女性の課長は全社で十人ほどしかいない。課長になれたのは、当時採用教育担当として積極的に採用体制を作っていったのが評価されたと思っている。営業経験がある上司が背中を押してくれた。部長になったのは、女性を登用するという時代の流れもあったが、自分が担当していた分社化した子会社が利益を上げていたことが評価されたと考えている。営業の会社なので、数字をあげているか、大幅なコストカットを実現できたか、が評価される。課長になって大きく変わったことはないが、部下の育成の奥深さを学んだり、上司との関係が主任のときよりも楽になったという。管理職になっていやだと思った経験はない。

二十代の後半に結婚したが、仕事を辞めようとは思わなかった。仕事が面白かった。個人では決してできないことをやらせてもらえるし、大学時代は自分のことを好きでなかったが、仕事を通して自分に自信がついていった。夫の母はずっと働いてきた人で、結婚したときに、女性は働いて社会に窓を開いていたほうがいいと言って応援してくれた。

若い人たちが管理職になりたいと思わないのは、楽しそうに働く課長職の人たちが少ないからだと思う。課長職は部長と主任たちのはざまにいて大変だが、課長職の人たちが楽しそうに働くことが大事だと思う。十四、五年前に入社二年目の女性の研修を担当した。研修内容が「女性らしく働こう」というものだったので、変える必要があると思った。そのために、二年目の女性たちにヒアリングをおこなったが、彼女たちは「主任になりたくない」「不幸そう」「長く働いて大変そう」「主任にならずに働きたい」と言っていた。あれから十五年近くがたって、主任になりたくないから課長になりたくない、に変化していると思う。ただ、課長は大変と思ってはいるが、仕事もできて見た目もいいパリッとした女性がなっていることもあって、女性の課長はかっこいいという評価も社内にはある。一方、男性はほぼすべてが課長になれるが、女性は仕事ができて見た目がよくてパリッとしていないと課長になれない状況がある、女性は幸せそうに見える必要があるとCさんは言う。結婚していないと不幸だという考えはなくなってきたが、「子どもがいないと不幸」はまだ少しあると思う。結婚して子どもができたら大変だと思い込んでいる節もある。最近、会社に子どもをもつ課長も初めて誕生した。

さらに、入社した年度と世代によって考え方や組織の扱い方が異なる。以前、自分よりも五つぐらい上の主任の女性が「女性にはできない仕事がある」と言っていた。それは管理職を指していた。

自分はそうは思っていなかった。また、同じ年代の別の主任の女性は、自分たちが若いころは、やりがいがある仕事を女性はやらせてもらえなかったと言っていた。

女性の後輩には活躍してほしいと思う。先駆者になることを恐れないでほしい。後輩たちは最初に新しいことをやることに抵抗があるように見受けられる。やればできるのだから、早くやればいいと思う。

女性の後輩をみていると、能力があってできるのに、「無理です、自信がありません」と口に出してしまう。男性はそういうことを決して言わない。女性が言うのは励ましてもらいたいからなのか、励ましてもらうことによって自信をつけたいのかもしれないが、めんどうな人になってしまうだけだと思う。

振り返ってみて、自分がいままでやってこれたのは、いちばん最初の上司の存在が大きい。ここがあなたの居場所なのだから、自分の意見を言えばいいと促してくれて、自分の意見を言っていいということと、言い方を学んだという。また、女性の先輩にかわいがってもらったのも大きかった。助けてくれる女性の先輩が多かった。自分は一人っ子なので、上との関係を結ぶのがうまくできたのかもしれない。また、働くことが好きというのがあったので、周りが助けてくれたのかもしれない。母方のおばがキャリアウーマンで、働くのはかっこいいと子どものころから思っていた。地位が人を育てると思うので、地位を女性たちに与えてほしいとCさんは考えている。

「想定外の波に乗る楽しさを知ってほしい」――Dさん

Dさんは、四十代前半で、父親は自営業、母親は専業主婦の家庭で育つ。父親は典型的な男尊女卑の考えをもち、女は働くな、大学卒業後は大学院に進学するか留学するように、と言われた。当時は就職超氷河期で、ほかの友人たちが就活で苦労しているなか、自分だけがしないことが後ろめたく、集団行動が苦手で、どうせ受からないだろうと思っていたこともあり、就活全敗で進学しようと考えていた。このような状況のなか、メーカーから内定をもらって入社する。勤続十九年目に管理職に昇格する。

Dさんが最初に配属になったのは、地方の販売店管理をおこなう部署だった。販売店の収益や連結決算の管理をおこなっていたが、平均年齢五十歳前後で一線を退きぎみの社員が集まる部署だった。それまでは、女性で全国採用された場合は、本社配属か地方でも工場、研究所の配属に限られていたが、地区営業部門への配属は自分の世代が初めてだった。年代の上の女性との関係など、自分に耐性がありそうだからということで配属になったと思う。ほかの地方配属の同期は最初の配属部門を一年ほどで異動していたが、自分は三年在籍した。上司は「あなたは自分でキャリアを切り開ける人」といって異動させてくれず、歯がゆい思いをした。

その後、二回の海外駐在経験を経て、現在は商品企画をおこなっている。最初の海外駐在のときは人事から推薦してもらったが、地域本部長に「このポジションに女性候補を出すなんて」という反対にあって話が流れ、ほどなくして異なる国の同じポストに推薦されて赴任することになった。

Ｄさんは社内で初めて、女性として主要市場の幹部候補とするこのポストに就いて海外赴任することになる。その後、女性でも問題ないことが周知となり、このポストの半数が女性になっていった。誰か突破する人がいると、そのあとに続く人が生まれると考えている。二度目の海外駐在のときは、フリーランスの夫がついてきてくれた。

管理職は思ったよりも楽しいと実感している。本人は自分のキャリアにはあまり関心はないが、部下のキャリアを考えたり、他部門と交渉したりすることはやりがいがある。自分もかつては「管理職になりたくない」と思っていたが、それは女性管理職の苦労している姿を見ていて、ああいうふうにはなりたくないと考えていた。マイナス評価がつかないことしか考えていない、上司のことを「あいつ全然わかっていない」と酒の席では言うが会議の席では何も発言しないような裏表がある人も管理職には多くいた。管理職志向の人を増やすには、このような管理職、会社に対してぐちをこぼしながら仕事をしている管理職を減らすことが必要だと思う。

同期女性たちは主任になるまでは仕事を一生懸命やりたいと言って、それまで子どもを作らない傾向はあったので、自分たちの世代を振り返ると、プライベートを犠牲にした部分はあったと思う。さらに、自分たちよりも上の世代は、仕事と両立しながら幸せそうにしている女性が見当たらない。自分たちよりも下の三十歳前後の女性たちは、自分たちを見ていて、子どもを早めに産み、たとえ昇進が遅れてもプライベートの充実を選んでいる。だから、管理職候補のパイが会社が望むほどいない状況があると考えている。

自分は、女性だからと下駄をはかされるのはいやだ、管理職になりたくないと思っていたし、管理職になると忙しくなると決め付けていたが、必ずしもそうではなかった。以前、女性活躍関連のシンポジウムで管理職になったほうが時間の管理ができると聞いたことがあるが、たしかに、管理職になって自分で時間のコントロールがよりできるようになった。また、管理職になって年収が上がり、一・二倍にはなった。管理職になると残業代がなくなって年収が減ると思っていたので驚いた。管理職になったときに社内のさまざまな部門からお祝いのメールが届き、周りの人に認められ、期待されていると実感した。

若い人たちには、想定外の波に乗る楽しさを知ってほしいと思う。自分自身も海外駐在するとは思っていなかった。自分の枠を決めないで、身を委ねるともっといろいろな経験ができると思う。自分が気づいていない自分の強みや才能を周りが見つけてくれたりもする。やりたいことがあって、こんなことはしたくない仕事だと思っていても、目立たない仕事をよくやっていると周りは見てくれているし、いまの仕事を大切にすることは重要だと思っている。

自分が管理職になれたのは、自分のために働いているのではないからだと思う。会社のため、顧客のためを思って、それをモチベーションに働いてきた。何事もめんどくさいと思わない、仕事を断わらない、本質は何かを考えることをモットーにやってきた。入社したてのころ、誰にも指示はされていなかったが、八時には出社してコピー機に紙を入れて、新聞を配っていた。年上の男性社員がコピー機を詰まらせ困っていたら、その対処もよくしていた。管理職になったとき、あのころから誰にも言われていないのに周りのために働いていたねと言われた。自分で仕事を見つけ、それをするのは楽しいことだと思うし、周りは小さなことでも見ていてくれて覚えてくれているのだと感じている。これからも一年契約のつもりで、いまの仕事も期待以上のアウトプットをしようと考えている。プロフェッショナルとはそういうものだと思う。

「まずやってみる姿勢が大切、自分の力を信じて挑戦してほしい」――Eさん

Eさんは五十代、メーカーの部長職である。サラリーマンの父親、専業主婦の母親の家庭で育ち、将来についてはいつか結婚して子どもを産んで、家庭をもつという主婦像を描いていた。ほかに身近なロールモデルがいなかったという。

大学卒業後は、食品メーカーに就職して営業をおこなっていた。女性の営業がまだ珍しい時代で男性の世界だったが、自分の裁量で仕事ができ、悔しい思いもしたが、やりがいがあったという。結婚に伴って転居し退職して専業主婦になり、家族や親戚との関係で嫁・妻として扱われ、男女の違いを実感してショックを受ける。その後、最初は派遣社員として働き始め、次に保険会社の正社員として勤務した。保険会社の仕事は地域限定社員だったので、総合職として働ける外資系のメーカーに転職する。転職活動では企業の既婚女性に対する固定観念に直面したという。

外資系のメーカーで当初は部長アシスタントをしていたが、二年目に係長に昇格し、四年目に課長に昇格した。課長に昇格したときは三十二歳で妊娠中だった。仕事は面白かったが、仕事が長時間に及ぶことが多く、また仕事の範囲を広げたいと思い、現在の勤務先に転職した。入社三年目で課長職に昇格し、十二年目に部長職に昇格している。課長職に昇格したときは生産部門の女性課長の第一号だった。当時の周りの反応は、期待し好意的な見方をしてくれる人たちと、懐疑的で拒絶

反応を示す人たちの両極端だったという。それがだんだんと好意的な人が増え、いまでは拒絶反応を示す人はほとんどいないという。全社のなかで女性管理職はまだ一〇％に満たないが、管理職と性別は関係ないことがダイバーシティを進めていくなかで浸透していったと考えている。

Ｅさんは夫の転勤で離職はあったものの、その後は順調にキャリアを重ねているが、その強みは、まずやってみる、という姿勢だと思っている。妊娠、出産、子育てをどう乗り越えようか、夫が転勤になったらどうしようかなど、やったことへの不安をもつ人は多いと思うが、やりたいことがあればまずやってみることが大事、やってみてダメだったらまた考えればいいと思っている。

自分の家事・育児は一人で抱え込まず、頼れる人――ファミリーサポートやシッター、隣人など――や利用できるサービスを最大限に活用して乗りきったという。

Ｅさんは管理職志向について、当初は管理職をめざそうという気持ちはなかったが、やりたい仕事をどんどん経験したいと思っていたら結果的に管理職になっていた。管理職に就くには不安もあったが、やってみると悪くないし、収入も増えた。誰もが得意不得意、強みをもつ領域はあるものと割り切って自分の強みを生かすことを心がけた。管理職になってより広い視野、より高い視点で仕事に関わることができ、やりがいと楽しさが増したという。部下に仕事を任せることができ、部下が支えてくれた。チャンスがあれば、それを生かすのがいいと思っている。

また、Ｅさんからみて、職場の上司は主に男性が多く、男性上司の女性部下へのよかれと思う気遣いが女性の活躍にブレーキをかけてしまう、よかれと思って女性部下の仕事のタスクを下げてチャンスを奪ってしまっていることがあるという。一方で、女性の部下も上司である男性のようには働けないと考えてしまう状況がある。人それぞれの働き方があり、自分なりの働き方で管理職を務めればいいし、やる前からチャレンジしないのはもったいないと思っているので、このような状況の女性の部下がいなくなるよう自分でも動いている。

仕事をするうえでEさんが心がけているのは、笑顔で職場に行き笑顔で職場を出ること。仕事を面白がってやること、楽しくやることである。自分自身も、自分のグループみんなもそうであってほしいと願っている。仕事が生活に与える影響は大きいと思う。わくわく楽しく仕事をすることは難しいことであり、挑戦でもあるが、同じことをやっても面白がって楽しくやれば体も心も疲れないので、この挑戦を続けていきたいと考えている。

若い人たちには、自分の可能性を信じて挑戦してほしい。高いところにいけば、それまで見たことのないすばらしい景色が見えるし、高速で飛ばせば速度を落としたときに余裕ができる。ただ、キャリアは長い期間続くので、その途中にいい時期もそうでない時期もあると思う。常にモチベーションを高くもつことは重要だが、全力疾走できないこともあるし、しなくてもいい。そのときどきの能力、意欲、環境によって軌道修正したり、スピードを落としたり、大きな崖があれば後ろに下がって助走をつけて飛び越えることも必要だと思っている。

事例から学ぶこと

①大変なことも経験して

五人の女性管理職の事例を紹介したが、これらから学ぶことは多い。管理職になった女性たちは順風満帆で現在の地位を得たわけではなかった。

Aさん、Bさん、Cさん、Dさんはちょうど就職超氷河期に新卒で職に就いていて、新卒で仕事を得ることの大変さを、またEさんは転職するなかで仕事を得る大変さを経験している。最初の配属先も、Aさんは地方都市の法人営業部門に配属になったが、帰国子女のAさんの希望とは異なる仕事内容であり、Dさんも最初に配属になった職場は一線を退きぎみの社員が集まる部署だった。一般職として入社したCさんの場合は、男性と女性の担当する仕事が明確に異なっていた。Eさんは当時まだ珍しかった営業職に就き、やりがいはあるものの悔しい思いも経験している。

女性を理由に不利な経験もしている。Dさんは、最初の海外駐在のときに、人事から推薦してもらうものの本部長の女性候補を出すなという反対にあって話が流れた。Eさんは、結婚に伴って転居して退職し、その後の就職活動のなかで企業の既婚女性に対する固定概念に直面したという。また、生産部門の女性課長の第一号として昇格したときは、期待し好意的な見方をしてくれる人たちと、懐疑的で拒絶反応を示す人たちがいて、その両極端の反応にあっている。

子育ての大変さも経験していた。Aさんは二人の子どもを出産して育児休業をとったが、同期よりも係長への昇格が二年遅れた。その後、主任になるときに同期よりも一、二年早く昇格していたが、短時間勤務は長時間労働の職場では不利になると思い短時間勤務はとっていない。Bさんは第一子出産後に短時間勤務を取得し、短時間勤務終了後も有給を使い果たすような状況で働いていた。

子育てが大変ななか、それぞれに工夫をしていた。Bさんは、自宅と保育園を勤務先から徒歩圏内にし、ダラダラ残業をしないことを心がけ、Eさんは、一人で抱え込まずに人を頼るようにしていた。Aさんは、「母親が子どものそばに」という「神話」はやめようと考え、自営業の夫と家事を完全分担し、家事は完璧にやりすぎないことが大事と思っている。

②管理職になった要因について

このような状況のなか、管理職を意識するような機会がめぐってきている。Aさんは、会社から女性リーダー育成プログラムに派遣され、Bさんは短時間勤務明けでも昇格した。Aさんは、そのプログラムへの派遣が、会社が自分を管理職にと考えているのかもしれないと思うきっかけになり、Bさんは働くママを昇格させてくれた組織に感謝するとともに、仕事へのやる気を強めている。また、Aさんは他社の女性管理職と出会うことで、心のハードルを下げるきっかけになっていた。

管理職になった要因への答えから、彼女たちが自分の仕事を深く考え、自分ではなく他者を第一に考えて仕事をしてきたことがうかがえる。Aさんは、他部門と連携して仕事をしている姿勢、推進していく力、やりきる力が評価されたと思っている。そして、多くの人に助けてもらってここまでやってきたが、助けてもらえる人になったのは、自分が誰かを助けるのは当たり前と思って仕事をしてきたからだという。Dさんは、自分のために働いていないこと、会社のため、顧客のためをモチベーションに働いてきたことが管理職になれた理由だと考えている。何事もめんどくさいと思わない、仕事を断らない、本質は何かを考えることをモットーにやってきたという。

Bさんは、誰とでもコミュニケーションをとれるところが評価されて管理職になったのかと思っている。Cさんは、課長昇進については、採用教育担当としておこなった積極的な採用体制作りが評価されたから、また部長昇格は、自分が担当していた子会社が利益を上げていたからと考えていた。また、上との関係を結ぶのがうまくできたのかもしれないと振り返っている。Eさんは、やりたい仕事をどんどん経験したいと思っていたら結果的に管理職になっていたという。

他者を第一に考えること、いやなことを率先してやること、めんどうなことを引き受けること、人との関わりをうまくとっていけることなどを周りは見ているのかもしれない。

③管理職になって

管理職になってよかったこととして、Aさんは人、モノ、カネに関する情報量が増えこと、自分でこんな会社にしたい、こんな人材を育てたい、こんな働き方をしたいなどをある程度決定できること、管理職としてチームをまとめ、チームとして働くことで大きな成果や達成感を得られること、月収が一・三倍から一・四倍になったことをあげている。Bさんは課全体でダラダラ残業をしないことを推進し、管理職はさまざまな点で自分が思う方向に進めることができると考えている。Cさんは管理職になって、部下の育成の奥深さを学び、上司との関係が以前よりも楽になった。管理職になっていやだと思った経験はないという。

Dさんも管理職になってタイムマネジメントがよりできるようになったこと、部下のキャリアを考えたり他部門との交渉はやりがいがあること、年収が一・二倍に上がったこと、周りの人に認められ期待されていると実感したことをあげている。Eさんは、管理職になってより広い視野、より高い視点で仕事に関わることができ、やりがいと楽しさが増したという。また、収入も増えた。

管理職になると、裁量が増して自分で時間管理ができ、多くのことを決められるようになること、管理職になって残業代がなくなっても年収は上がっていることがこれらの事例からわかる。

④若い人たちへのメッセージ

これら五人の事例から特に若い人たちへの助言をあらためて抜き出してみよう。Aさんは「やってみる、断らないことが重要、できないときは助けてくれと言えばいい。女性は完璧にできないとダメと思ってしまっている。完璧にできる人などいないのでやってみればいい」と述べ、Bさんは、「女性だから、育児があるからといって仕事を辞めないほうがいい。一度辞めると戻るのは大変である。一時的に組織にぶら下がるようなことがあってもいいと思うので、若い人たちには簡単に仕事を辞めずに続けていってほしい」と言う。

Cさんは、「先駆者になることを恐れないでほしい。若い人たちは最初に新しいことをやることに抵抗があるように見受けられる。やればできるのだから、早くやればいいと思う。女性の後輩を見ていると能力があり、できるのに「無理です、自信がありません」と口に出してしまう。男性は決して言わない。女性が言うのは励ましてもらいたいからなのか、励ましてもらうことによって自信をつけたいのかもしれないが、めんどうな人になってしまうだけだ」と指摘している。

Dさんは、「若い人たちには、想定外の波に乗る楽しさを考えてほしい。自分の枠を決めないで、身を委ねるともっといろいろな経験ができる。自分が気づいていない自分の強みや才能を周りが見つけてくれたりもする。やりたいことがあるとき、したくない仕事をよくやっていると周りは見てくれている。いまの仕事を大切にすることは重要である」と述べている。

Eさんは、「まずやってみる、という姿勢の重要性とともに、人それぞれの働き方があり、自分なりの働き方で管理職を務めればいい」と述べ、さらに、「若い人たちには、自分の可能性を信じて挑戦してほしい。ただ、キャリアは長い期間続くので、その途中にいい時期もそうでない時期もあると思う。常にモチベーションを高く、全力疾走できないこともあるし、しなくてもいい。そのときどきの能力、意欲、環境によって軌道修正したり、スピードを落としたり、大きな崖があれば後ろに下がって助走をつけて飛び越えることも必要と思っている」と言う。

彼女たちの発言には、働き続けることの大切さ、働くことを通して自分自身を成長させていく楽しさ、それぞれの段階で柔軟に対処していく重要性があるといえるだろう。

5　真の女性活躍のために

二つの調査の結果と五人の女性管理職の事例から、「女性がなぜ管理職になりたがらないか」を職場重視モデルから考察した。

管理職志向は置かれている状況に影響される

新入社員へのパネル調査と若年層男女への調査の知見をこれまでに紹介した。明らかになったことは、人々の管理職志向は、その人が置かれている状況（仕事のあり方、仕事を通して求められるもの、得られるものなど）に影響を受けていた、ということである。

新入社員パネル調査では、管理職志向は男性のほうが高く、二年目、三年目の管理職志向は男性・女性ともに下落、女性の下落は男性のそれよりも大きかった。

男性の二年目の管理職志向に最も影響を与えていたのは、仕事の満足度であり、男性の入社三年目の管理職志向に最も影響を与えていたのは、将来のキャリアにつながる仕事をしている、家族を養うのは男性の役割と考えている、リーダーシップを求められている（傾向）であった。

女性の二年目の管理職志向に最も影響を与えていたのは、将来のキャリアにつながる仕事をしている、三年目は、仕事の専門能力を高めたい、仕事の満足度、だった。一方で、女性の二年目、三年目では主に女性が担当する仕事をしていることは管理職志向にマイナスの影響を与えていた。

管理職志向の「ある」から「なし」への変化に影響していたのは、性別役割分業意識（男性）、リーダーシップを求められているか（男性）、仕事満足度（女性）、職場の働きやすさ（女性）、職場の働き続けやすさ（女性）だった。

若年層男女への国際比較調査の日本の結果の知見としては、管理職志向に最も影響を与えていた要因は、男性は、年収が高い人のほうが管理職志向であり、女性は、いまある仕事を失う不安をもつ人のほうが管理職志向だった。男女ともに、仕事の専門能力を高めたいと思っている人、社会的成功志向が高い人のほうが管理職志向が高いという傾向があった。

人々の管理職への志向性は、その人が置かれている状況――仕事のあり方や仕事を通して求められるもの、得られるものに影響されていた。二つの調査の結果をみると、女性の管理職志向は男性に比べて低い。しかし、「女性だから」管理職志向が低いのではない。管理職の女性が少ない理由を女性自身に求めるのではなく、職場や仕事の状況が女性にとって続けていきたいと思うものか、いま一度考える必要がある。男性の管理職志向も国際比較をすれば他国に比べれば低い数字である。職場に管理職志向がなくなる構造があるのではないかという職場重視モデルから、もっと考える必要があるだろう。

前提をもたず、職場のあり方を変える

先に紹介した新入社員調査の結果は、女性が管理職をめざしたいと思わないいちばんの理由が「仕事と家庭の両立が困難になるから」(一年目、二年目、三年目ともに約七〇%)だったが、管理職の女性たちの事例からみると、実際にはそうではない可能性が高い。事例で紹介した女性たちは、管理職になって自分の裁量が増え、タイムマネジメントも自分でよりできるようになったと述べている。また、さまざまな工夫もしていた。夫と家事を分担する方法や頼りになる人を身近に作ること、職場と保育所、自宅を徒歩圏内にするなど、自分だけでやるものという前提をもたずに新たな仕組みを作っていた。Bさんが、子どもを産んでから、自分の仕事効率やタイムマネジメントの能力は高まったと述べているように、さまざまなことをきっかけに自分を育てていくことが重要なのだろう。

男性は、管理職をめざしたいと思わない理由として「仕事の量が増えるから」(一年目、三年目)

「責任が重くなるから」（二年目）をあげているが、これらも自分の仕事やタイムマネジメントの能力を高め、管理職としてチーム、職場作りをしていけば、より働きやすくなってやりがいも増すのではないだろうか。前提をもたないことは重要である。

新入社員の女性が管理職をめざしたいと思わない理由の二番目は、一年目、二年目、三年目も「自分には能力がないから」（一年目約四六％、二年目約四九％、三年目約四二％）だった。

Aさんは、男性は入社してからなんとなく「昇進」を考えていて、また社内でそういわれながら育てられるが、女性は「昇進」を意識していないこと、入社したときには男性よりも女性のほうが優秀だと思う人材が多いのに管理職登用をもちだすと「自分はできないと思う」という人が多いことを指摘している。また、新入社員調査の結果で、女性は男性よりも「主に女性が担当する仕事」に就いていていて、リーダーシップも求められていない傾向があった。

女性も社内で昇進を考えながら育てられる職場のあり方、性別によって職務が分離しない職場のあり方、女性にもリーダーシップが求められる職場のあり方が必要である。

Eさんが指摘しているが、職場の上司は主に男性が多く、男性上司の女性部下へのよかれと思う気遣いが女性部下の仕事のタスクを下げてチャンスを奪ってしまっていること、また女性部下も上司である男性のようには働けないと考えてしまう状況があるという。Eさんは、自分なりの働き方で管理職を務めればいいと述べているが、管理職のあり方も多様であることが大切だろうし、なによりも上司の女性への「よかれと思う気遣い」の問題点について、管理職が学ぶ機会が必要だろう。

また、Aさんは会社から女性リーダー育成プログラムに派遣され、他社の管理職の女性たちに出会ったことで管理職への意識づけがなされた。管理職になると忙しくなると思っていたDさんも女性活躍関連のシンポジウムに出席し、管理職女性から時間のコントロールを自分でできるようになると聞いて考えを変えている。特に、社内に女性管理職が少数の場合は、社外の女性管理職に接する機会を作ることも重要だろう。また、管理職を意識づける社内研修も大切と考えられる。

Cさんが述べているように、管理職は女性にはできない仕事と見なされたり、若いころはやりがいがある仕事を女性はやらせてもらえないということはあったが、だんだんと変わってはきている。真の女性活躍は、女性が現在の男性の基準に沿って仕事をして管理職になっていくことではない。現在の日本の男性の長時間労働を前提とした働き方を基準に男性が働き続け、そこに女性が参入しても誰も幸せにはなれない。なぜ女性が「活躍」できないのかを考えることは、男性の働き方や生き方を見直す機会でもある。「女性の活躍推進」といった言葉がいわれずに女性が「普通」に働き続けることができる、そうして管理職になっていくことができる社会は、男性にとっても働きやすい社会である。「女性の活躍推進」や「働き方改革」がいわれているいまこそ、それを男性の働き方、女性の働き方を変える機会にする必要がある。

注

(1) フィリピン二〇一六年度、シンガポール一五年度、アメリカ一三年度、イギリス一六年度、韓国一六年度の数値である。内閣府「男女共同参画白書(概要版)平成30年度版」二〇一八年(http://

www.gender.go.jp/about_danjo/whitepaper/h30/gaiyou/html/honpen/b1_s02.html）［二〇一八年十二月一日アクセス］

（2）厚生労働省「企業調査結果概要」「平成29年度雇用均等基本調査（確報）」二〇一七年（https://www.mhlw.go.jp/toukei/list/dl/71-29r/02.pdf）［二〇一八年十二月一日アクセス］

（3）岩田正美／大沢真知子編著、日本女子大学現代女性キャリア研究所編『なぜ女性は仕事を辞めるのか――5155人の軌跡から読み解く』（青弓社ライブラリー）、青弓社、二〇一五年

（4）筆者が二〇一八年八月から十一月にかけて六人の女性管理職にインタビューをして、そのうち五人の事例を紹介する。

（5）「男女の初期キャリア形成と活躍推進に関する調査」：国立女性教育会館が実施している新入社員への意識調査であり、筆者もプロジェクトメンバーである。五年連続で同じ人に調査するパネル調査である。本章で用いているのは、入社一年目（二〇一五年）、二年目（二〇一六年）、三年目（二〇一七年）の調査結果である。調査対象は、調査協力企業十七社の二〇一五年に入社した新規学卒者（大学卒・大学院修了）二千百三十七人（女性八百三十六人、男性千三百一人）で、調査方法は、ウェブアンケート調査、有効回収数：千二百五十八票（回収率五八・九％）。本章では総合職で第一回から第三回の調査すべてに回答した者だけを分析した。

（6）「若年層男女の管理職志向」調査：二〇〇六年に日本・イタリア・韓国・カナダで同じ質問項目を用いて二十五歳から三十歳の男性・女性へ質問紙調査（韓国だけ徴兵制があるので二十五歳から三十四歳を対象とした）を実施した。日本は住民台帳からの無作為抽出、郵送法で実施し、有効回収数九百七十票、有効回収率一九・四％だった。科学研究費を用いておこなった（代表：岩上真珠・聖心女子大学）。

（7）山田昌弘『希望格差社会——「負け組」の絶望感が日本を引き裂く』筑摩書房、二〇〇四年

参考文献

大槻奈巳『職務格差——女性の活躍推進を阻む要因はなにか』勁草書房、二〇一五年

第3章　性差を超えた新たなリーダーシップ構築を

本間道子

はじめに――それは女性自身の問題？

スイスのビジネススクールで「リーダーシップ戦略」を主宰するギンカ・トーゲルが来日し、女性のリーダーシップ・プログラム育成の講演と指導をおこなった。それらをまとめて彼女は『女性が管理職になったら読む本』(1)を出版している。そのなかで、彼女が驚いたこととして、日本女性は仕事に対し後ろ向きの姿勢であり、「日本女性の多くはリーダーになりたい意図がないことが課題だ」という関係者の言葉を「あとがき」で紹介している。そうした現状は諸外国にはあまり見られないようで、それは女性が置かれている状況の違いにあるのか、と述べている。また〝リーダー〟という言葉から日本の女性が感じる印象やニュアンスが、リーダーの現実やあるべき姿と異なっていることが、女性が置かれている状況と大きく異なっている一因ではないか、とも語っている。これは日本女性独自のものなのか、あるいは企業文化・組織文化的なものなのか、はたまたその背景にある慣習・規範、さらには文化的なものなのか、さまざまな疑問がわいてくる。

もう一つ、「管理職」と「リーダー」との職階・役割・仕事内容は異なることを指摘している。現実に私も、多くの文献で使われる現場と研究主体の用語の違いに戸惑うことがしばしばである。現実に突き付けられる言葉である〝管理という仕事〟がもたらす印象が権力・権限・支配など、それがある特定の役務であることを想起させる。この管理職（英語では supervisor 監督・指揮）という用語はなんとかならないかと思っている。先日、調査でインタビューをしたある女性管理職がマネージメント職という言葉を使っていて、役割・業務内容から、より適合していると感じている（本章では〝管理職〟をリーダーシップ、マネージメントと状況に合わせて用いる）。

それにしても、国を挙げて、また各企業でもさまざまな対応策を具体化しているが、なぜなかなか目標達成に至らないのか。それで思い出すのは、国を挙げての第四次男女共同参画基本計画では、女性活躍推進、特に指導的地位の女性が占める割合が少なくとも三〇%程度となるように期待する、という合言葉「二〇三〇」の政策に注目する女性関係者が特に多かったことである。しかしその合言葉は、最近ではめったに聞かれなくなった。実現したのではなく現実とのギャップの大きさのためだろうか、この数字は人口に膾炙することがなくなった。

1　関心の高さと現状の低さ

自己評価の低さ？　能力・知識不足？

これまで企業など組織側は、女性の管理職・リーダーシップ的職階の女性が少ないこととして以下のような理由を指摘してきた。特に女性側の理由としては、就業（勤続）年数の少なさ、離職率の高さ、能力・知識の問題、動機の低さ、そもそも女性は権力志向ではないなどである。

先のトーゲルは、日本女性が管理職になりたがらない理由として、「自分はリーダーに向いていない」「リーダーになると男性のように振る舞わなければならない」「気が進まない」「リーダーになると自分の時間を犠牲にしなければならない」など、リーダーになるとメリットよりもデメリットのほうが大きいと考えているからだ、と指摘している。そして、諸外国ではガラスの天井は突き破る対象であるのに、日本では自らの頭上に置いたままであるとも。

たしかに現状をみても、女性管理職の少なさに対する関心は高い。大規模調査から小規模調査まで、「なぜ女性の管理職の割合は少ないか」という質問項目が取り上げられている。例えば大規模調査の一つ、厚生労働省の平成二十三年度雇用均等基本調査(2)では、図1のように、「女性管理職が少ないあるいはまったくいない理由」として最も多い（複数回答）のは、「現時点では、必要な知識、経験、判断力を有する女性がいない」で、全体の五四・二％だった。次いで、少ない在職年数

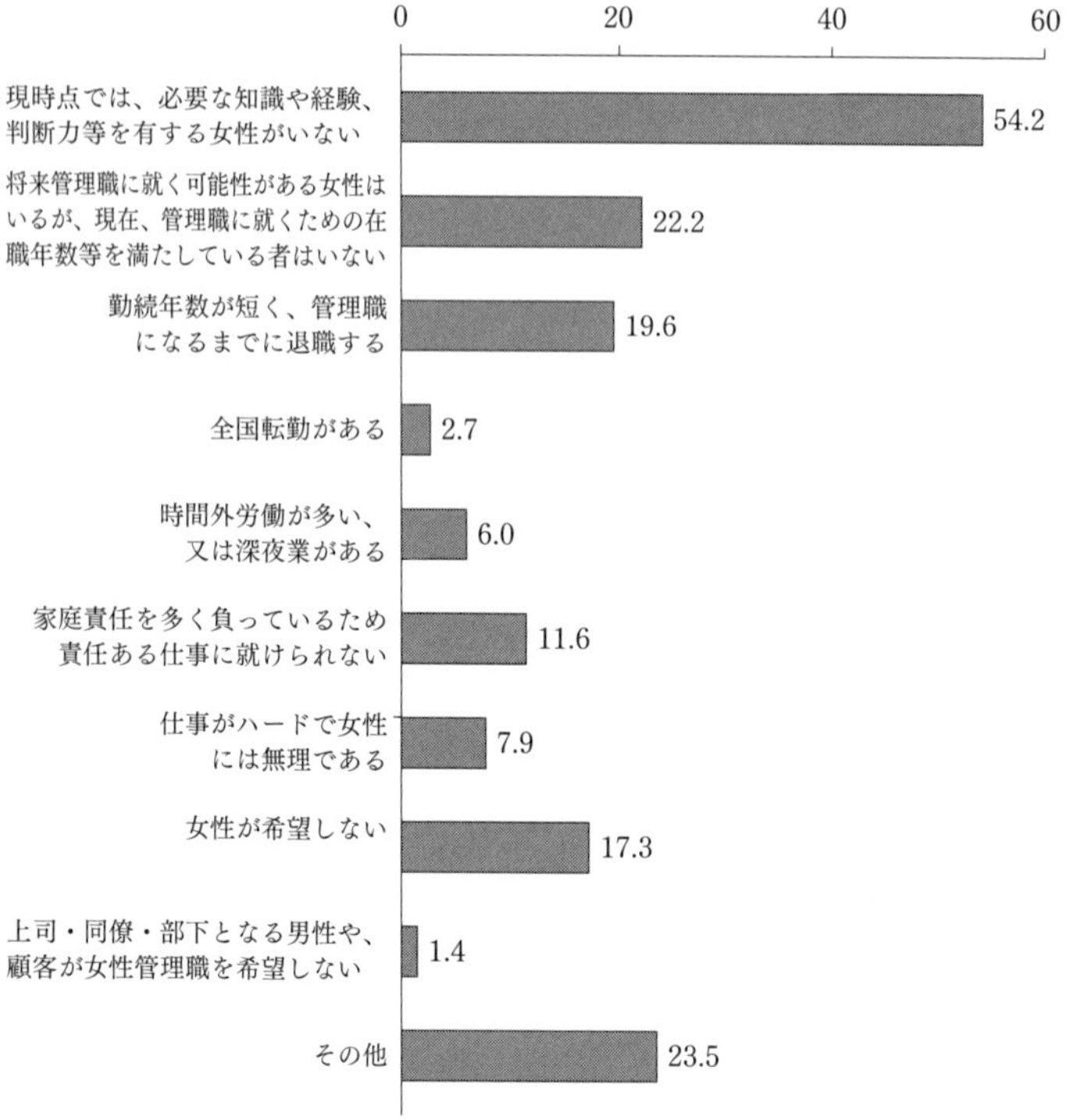

図1　女性管理職が少ないあるいはまったくいない理由
（出典：「2011年度雇用均等基本調査」）

（離職率）などがその理由として続く。ここでも、女性自身の問題としている。

最新の大規模調査研究でも、相変わらず管理職での大きい男女格差[3]がある。この研究は労働政策研究・研修機構がおこなった調査「男女正社員のキャリアと両立支援に関する調査」に基づいている。その結論は、女性の管理職が少ない要因として仕事要因、企業属性要因、制度・政策要因の影響が見いだされ、欧米と同様の結果になっている。そして日本独自の要因としては、人的資本と家族要因の影響が大きく、さらには差別的扱いをその原因としている。これは差別的扱いとしての評価格差の指摘である。そして山口一男は、仕事分離、例えば事務系仕事ではその賃金格差は大きく、しかしそれは仕事内容によるものというよりも、性差の差異のほうが断然大きいと指摘している。また学歴にしても、高卒と大卒では賃金格差は大きい。しかし、性差の不平等ではさらにその差は大きい[4]。つまり、学歴、仕事内容などは間接的差別であって、その背景には性による差別があって問題を見えにくくしていているが、実際は男女の不平等だ、と山口は指摘する。これはきわめて示唆に富む指摘である。なぜなら、表面的には仕事内容による差別とみえるが、実は男女間の不平等であるからである。それにしてもなぜ差別が起こり、不平等を生じさせ、社会・企業組織（さらには女性自身も？）はそれを容認し甘受しているのだろうか。

2　権力・権威志向ではない――進化心理学から

パラドックス関係

そもそも女性自身は昇進を望まない、昇進の意欲が低いという指摘がある。これまでも、本来女性は権力、戦いに向いていないという心理学からの指摘もある。スーザン・ピンカーは、女性は競争・支配・権力を望まないことを進化心理学から明らかにしている。[5]女性は依然として特定の職種（多くは人間関係を主にした仕事。例えば介護・教育など直接社会・人間関係のコミュニケーションや感情的側面を強調する仕事）に集中し、男性もまた同じく特定分野に集まっている。平均収入は男性のほうが高い。それは、生物学的要因に基づいた傾向や好みが男女それぞれがもつ特性に影響を与えるから、と説明されている。このピンカー『なぜ女は昇進を拒むのか』の邦訳はちょっと誤解を招きやすい。男性は闘争的で競争好きでより上位をめざすのと反対に、女性は昇進を拒むと主張しているわけではない。原著のタイトルでもある“*The Sexual Paradox*”のパラドックスとは、一般的には女性のほうが仕事に満足せず、組織のトップを占める割合が小さく、さらに収入も低いために女性の満足度が低いと予測されるかもしれないが、実は仕事に対する満足度は決して低くないことをさしていて、まさしくパラドックスだとしている。

ここでは進化心理学の観点から性差のパラドックスとして、そもそも女性に現在の男性基準の権力・管理・支配は向いていないとし、その男女の差異を作る要因として生物学的要因をその根拠としている。それは神経内分泌ホルモンの一つであるテストステロンの量、男女の脳の差異つまり非対称性（脳は小さいけれど、言語に関わる神経回路の発達と密度は高い）などが発達段階のなかで男女間に差を形成するからだとしている。〝昇進を望まない〟のはまず目的達成手段に競争や身体的手段に訴えないからだとする。そして、女性に攻撃的競争心がないのではなく、競争のスタイルが異なる、とピンカーは説く。競争の仕方、目標（相手を打ち負かしたいなど）、競争意欲が異なれば、平等な条件で競わせるべきだろうか。競争をためらう、相手を打ち負かすよりも自分の能力を証明する、そもそも女性はそのような競争を望まない（リスク回避、自信のなさ）とし、それに対し、男性は自信過剰とリスク志向とのパラドックスにあると彼女は述べる。

ピンカーは、結果的に生物学的側面が軽視されたため、同じ尺度では測れないのではないか、男女の非対称性の一部は隠れた偏見ではなく、自らの意思で選択できる社会を示すことではないか、と説く。これまでのように男性基準に合わせるべきかどうかについては、どちらがより社会的価値が高いかでなく、男女の性差をもっと冷静に見極め、前向きに捉える必要がある、とする。例えば、ピンカーは男性の内的特質の多様性を指摘している。しかし、女性は適応的で個人差は小さいけれど、むしろライフ・イベント時（成人後）に多様性がある、とする。そうすると、例えば昇進条件としての長期勤務は女性の生物学的側面からみてその条件は不利になる。現時点では、女性のいわゆる昇進・管理職への道は生物学的には合致しない。それが結果的に進んで昇進を望まないことにつながるのかもしれない、と指摘している。

女性の昇進意欲の低さとは？

女性の活躍推進が進まないのは女性自身の意欲の問題だとして、多くの調査結果がその事実を示している。例えば、川口章は労働政策研究・研修機構によるデータを使って男女の昇進意欲の現状とその原因を分析[6]している。その結果は、女性の昇進意欲はきわめて低いこと、しかしその積極的改善措置の実施、ロールモデル（職場の管理職女性数）の存在などでそれは高まることを明らかにした。また、先の馬らと同じデータ（本章の注（3）を参照）で、武石恵美子は女性の仕事意欲を高める企業の取り組みを検証[7]した。結果はやはり、女性の昇進意欲は低いことが示された。その理由として、両立の難しさ、責任の重さの回避、能力の自己認識の低さ、ロールモデルが不明確であることを挙げている。そして、「やりがい感」がないことが昇進意欲を低下させるとして、企業の積極的取り組みの不十分さを指摘している。

しかし、「やりがいがある仕事」とはなんだろうか。一つ考えられるのは、しばしば同じ仕事の繰り返しとしてくっつき床（sticky floor）の現実がある。入社以来、同じ仕事内容の繰り返しで、そこにキャリアアップは望めない。つまり将来の展望が開けない。現時点の仕事に意味をもち、従事した業務への貢献からのなんらかのフィードバック、あるいはチームの目標との関連づけができる場合には、そこに「やる意味がある」、つまり「やりがい」が感じられると推測できる。この意味でキャリアアップが望めないのだとしたら、やりがい感はその原因の一つかもしれない。

また、国立女性教育会館では二〇一五・一六年度（平成二十七・二十八年度）に、「男女初期キャ

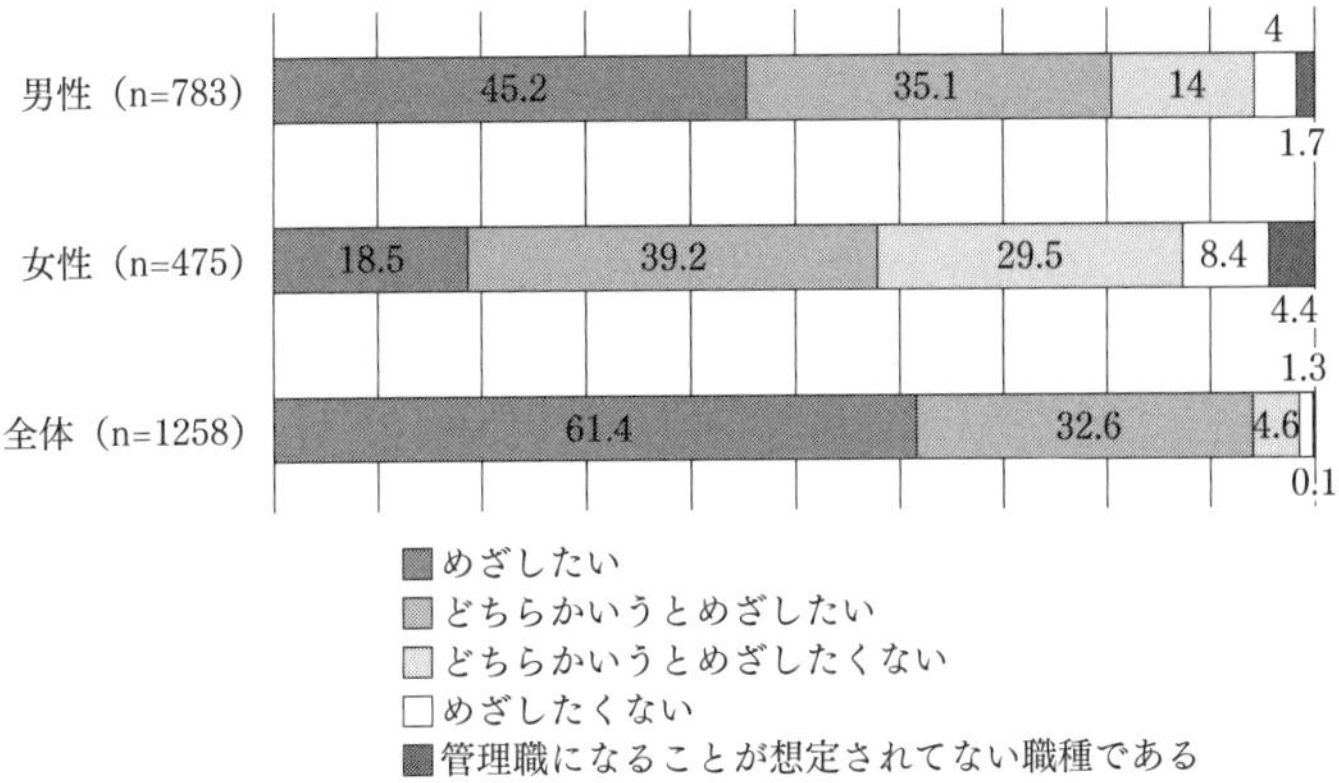

図2　管理職をめざしたいか
（出典：国立女性教育会館「男女初期キャリア形成の活動推進に関する研究調査」2015年度・2016年度）

リア形成の活動推進に関する研究調査[8]」として、新卒生千二百五十五人の有効回答を得て、今後の希望として「管理職をめざしたいか」を尋ねている（図2・3）。それによると、男女別では男性では、「めざしたい」が六一・五％、「どちらかといえばめざす」が三二・五％、である。対して女性は前者が一八・六％、後者は三九・二％だった。さらに「めざしたくない」回答の集団にその理由を問うと、「仕事と家庭の両立が困難」では女性・男性それぞれ六六・五％、四一・三％だった。また、「自分には能力がない」では三八・〇％、二六・一％、「責任が重い」では三二・四％、三二・〇％だった。

しかし、この女性の管理職への意欲が低い傾向は、就業以前つまり学生時代ではどうだったのだろうか。田中真理子・佐藤有紀・堀博美による「昇進とステータスに対するモーティベーションの性差[9]」の報告がある。ここでは、ＭＱ（個人の動機を測る尺度）という職業領域の個人差を測定するための仕事要因

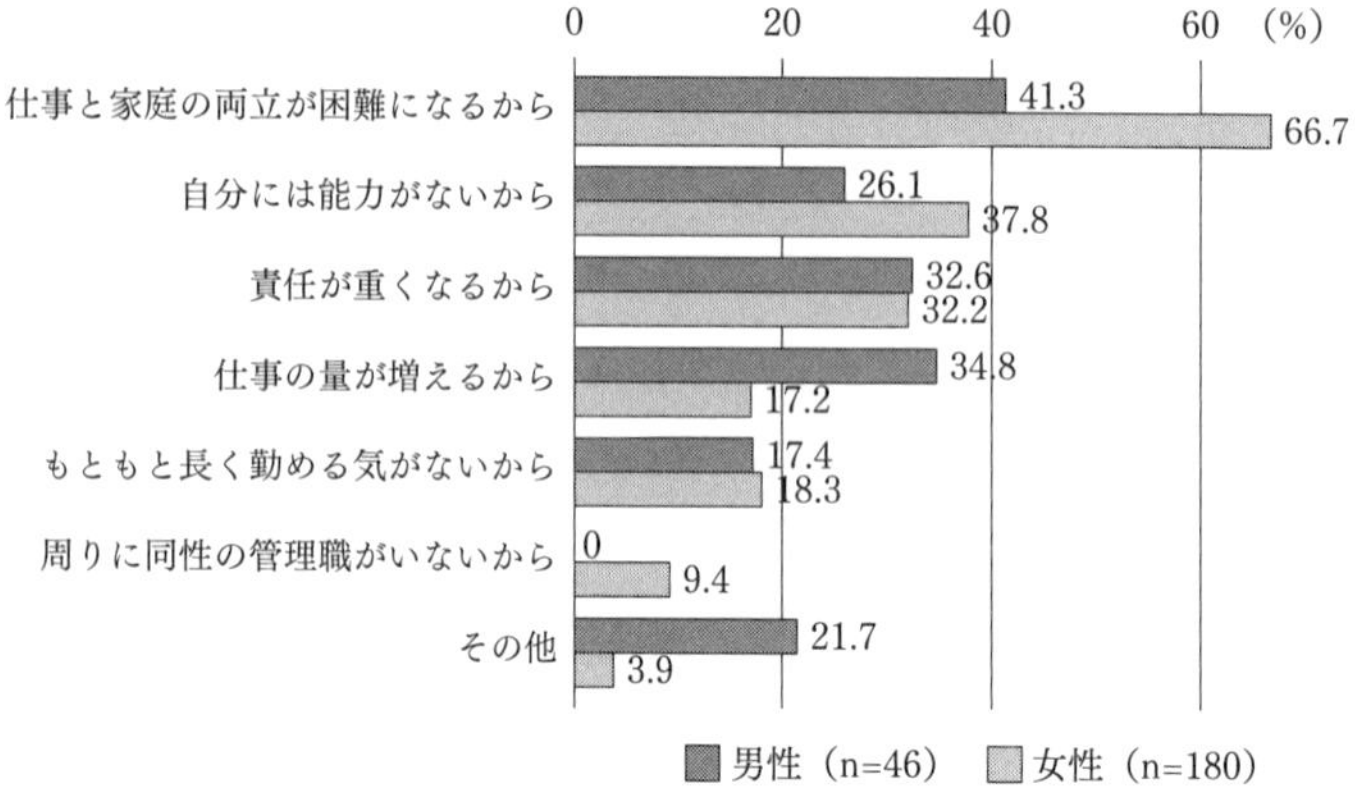

図3　管理職を目指したくない理由（管理職を目指したくない人ベース）
（出典：同調査）

の動機の尺度を使っていて、そのなかの昇進動機・ステータス動機を用いて検討した。ここでの昇進動機は、昇進するチャンスがあること、実力次第で昇進できる可能性の動機、またステータス動機は社会的に評価される肩書をもつことやその地位に合致した尊敬や待遇、仕事内容を受けることの動機である。

結果は、就業前の大学四年次ではどちらの昇進意欲も男子・女子学生の差はなく、また就職半年後（十一月）でも昇進動機では男女差はなかった。しかしステータスへの動機は、その半年後では女性が有意に低下した（図4）。これについて、就職後半年と短い期間でありながら、女性はその動機が後退することでは、マネージメントの男女差、キャリア形成が思うようにいかない、ポジションに合った待遇は期待できない、などの現実に直面したことでステータス動機は低下すると田中らは考察している。この結果からもわかるように、女性自身の昇進意欲が低いとは必ずしも言い切れないのではないか。むしろ入社後の位置づけ、キャ

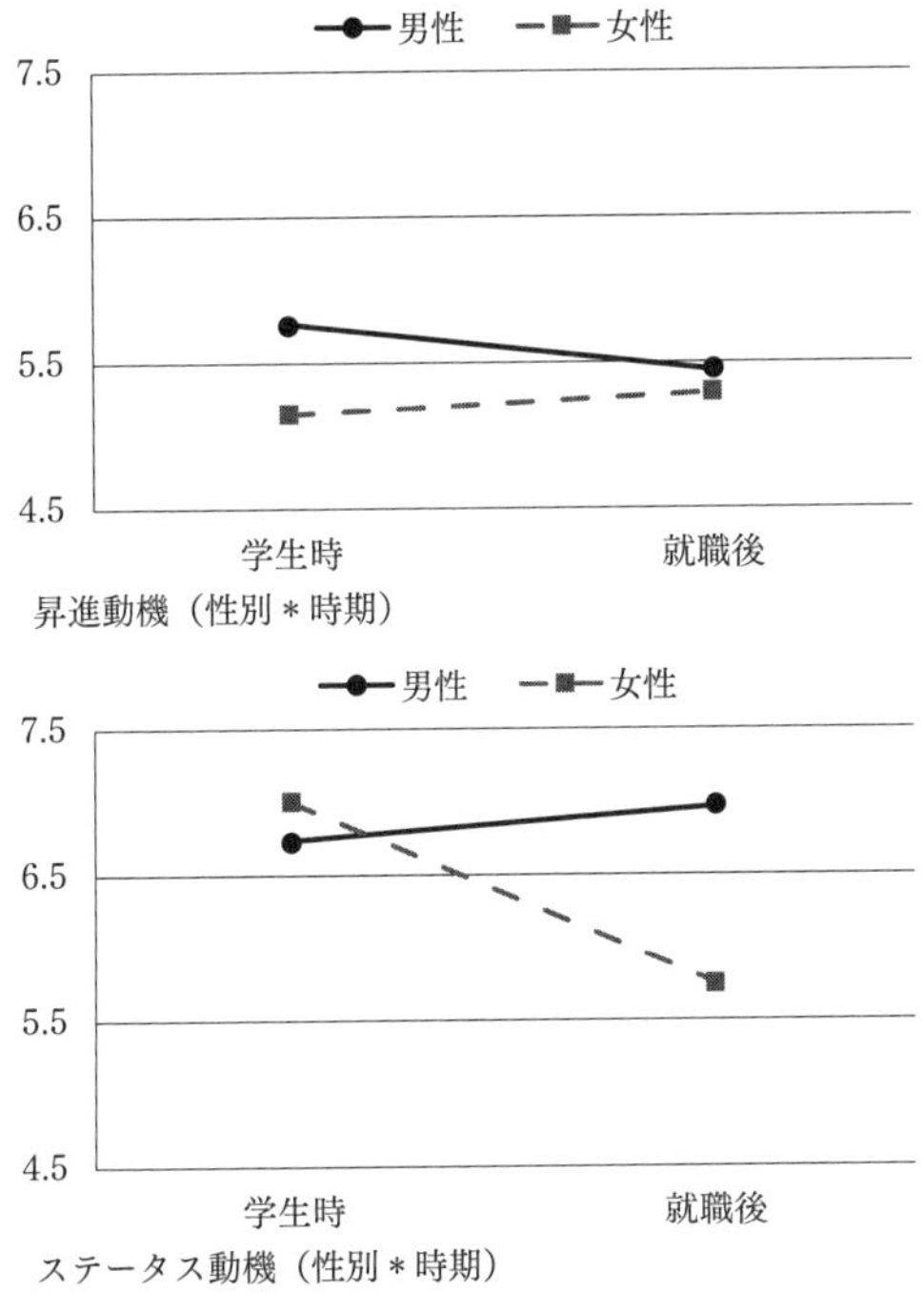

図4　昇進とステータスに対するモチベーションの性差
（出典：田中真理子／佐藤有紀／堀博美「昇進とステータスに対するモーティベーションの性差――就職前後のモチベーション変化に注目して」、産業・組織心理学会第33回大会実行委員会編「産業・組織心理学会第33回全国大会発表論文集」産業・組織心理学会、2017年）

リア形成、周りからの扱われ方などが昇進意欲を低下させていることが推察できるだろう。

現状からみれば女性の管理職は少なく、また評価者側からみればその適格者は少ないかもしれない。しかし、このような結果を導いた原因は女性自身の問題ばかりでなく、組織構造、組織のキャリアに対しての取り組み、評価者の認識のあり方があり、組織要因からの検討が必要だと思う。

とはいえ、男女ともおしなべて同様の昇進意欲や上昇志向にあるわけではない。ワークライフバランスの視点、当組織との関わり方、自身のキャリア形成、あるいは責任が多い管理職への消極的態度など、志向はさまざまだろう。最近では男性の昇進意欲も一様ではなく、人生設計のなかでどのような働き方をめざすのかはより多様になった。しかし、志向性がある女性にも積極的にキャリアアップへの門戸を広げて公平にチャンスを与え、当該組織の人的資産として活用することについては論をまたない。

3 リーダーシップ役割――役割不適合性理論

社会的規範によって差異化されたリーダーシップ役割論

社会的望ましさとしての男性性リーダーシップ

アリス・イーグリーらは、なぜ管理職・指導的立場の女性が少なく、また評価にも問題があるのかについて、女性にとっての社会的望ましさの性役割観と、リーダーシップとしての適性・能力が適合しないことがいわゆるジェンダーギャップを生じさせていることで説明[10]した。

わが国の現状は、民間企業も行政機関でもその格差は大きく、特に部長など上位クラスになるにつれて男女の比率は極端に広がる。とはいえこの傾向は、わが国ばかりでなく、多くの文化圏でも比率こそ違えど同様の傾向にある。例えばバージニア・シェインは国別にリーダーシップ担当者（マネージャー職）を調査して、文化による程度の差こそあれ、“Think manager, think male”と、男性リーダーの一様性を明らかにしている。[11] その背景を説明する理論が役割不適合性理論である。

社会的役割として社会的に望ましいと期待されるジェンダーの役割行動は、それぞれ男性としてふさわしい特性、また女性としてふさわしい特性があり、それぞれ認知的スキーマとして認識されている。つまりステレオタイピング（ここでのステレオタイプは、とりあえず、「ある集団や集団成員に対して固定的な捉え方、その内容を指す」と規定しよう）として形作られている。一般に男性的特性は競争的・目的志向的・野心的・知的・率先的であり、女性的特性としては、協調的・援助的・養護的・共感的である。一方で、リーダーシップとして望ましい行動特性は課題達成的・革新的・野心的で、多くの組織・集団は課題志向で、率先的・挑戦的とされる。そこで、ジェンダーとリーダーシップを適合させた場合、男性の場合は男性性を示すリーダーシップ型になり、一方、女性のリーダーシップでは女性性を発揮したリーダーシップ型が期待される。前者では、課題志向的リーダーシップとして集団目標達成、率先へのはたらきといった性質がみられる。後者は関係性リーダーシップとして、集団内の対人関係、集団の維持に考慮した、情緒的な鼓舞、葛藤解決、サポート的リーダーシップを強調したリーダーシップ型である。これらをまとめてイーグリーらは作動性（Agency）と共同性（Communality）と命名している。

作動性リーダーシップの優位性と共同性リーダーシップ

リーダーシップタイプのパターン化は、性差の明示化によってリーダーシップ二項分布的になる（しかし実際は組織体の置かれた状況、外部環境との関係から期待されるタイプで明確な二分法にはない）。

そこで、作動性リーダーシップ（作動的特性）は自己成長、統制、課題（目的）達成などに関する志向性・特質をもつのに対して、共同性リーダーシップ（共同的特性）は他者との協調、融和・親和性に関する志向性・特質を特徴とする。

さらに、一般的に企業のような目的・成功志向が明確な組織・集団では、目標達成、挑戦、率先、統率など「作動性」のほうが重要で、より優位に位置付けられる傾向にある。これらの資質についてみれば、男性の特性としての行動スタイルは企業などでのリーダーシップの特性と重なる（一致する）。そこで、女性がこのリーダーシップを発揮するのならば、男性性を獲得しなければならない。つまり女性にとって、女性という性役割と優位なリーダーシップとして期待された役割の不一致による不適合性が女性自身に、あるいは社会認識からも混乱を招き、結果的に女性のリーダーシップに対して否定的態度になる。

社会的規範としてのジェンダーギャップ

強固な性役割観

社会、あるいは組織体、集団にはある一定の判断の枠組みがあり、それがそこでの人々の思考と行動の判断のよりどころ（frame of reference）になる。そこで、その判断の枠組みはその当面の社会からの受容・拒否の基準を伴う。これを社会的規範というが、規範はその社会によって異なる。社会には多様な規範があり、それは必ずしも法制度と合致するものではない。暗黙の了解のもとで社会に存在するものが多い。さらに、社会的規範の受容の程度と評価は多様である。その受容あるいは許容の程度で、よく用いられる分類は、強制的規範と記述的規範である。強制的規範は強い評価を伴い、その規範から逸脱すれば、なんらかの制裁・バッシングが伴う。一方、記述的規範とは、社会で一般におこなわれているが、それに違反しても〝ちょっと変だな〟という印象をもつ程度のものである。ジェンダーギャップの原因として、ジェンダーステレオタイピングのなかでも、特にこの強制的規範に抵触したとき、強い制裁をもって評価される。

リーダーシップとしてみた場合、女性は養護、社会的感受性、他者への理解と配慮などを発揮する場では、前述したような特性に見合った行為は高く評価され、それは共同性として、女性の特性としての強制的規範になる。一方、男性の特性として、作動性の観点からのリーダーシップ行動では、独立性、有能さ、野心など男性の仕事としての役割・行為として望ましい男性性の一部分をなすものである。

社会的制裁のおそれ

自己認知や自己評価は社会的価値・意味づけと密接に関連するので、この社会的性役割の信念・規範はさらに自己のあり方も規定する。

マデリーン・ハイルマンらは、リーダーシップ行動は男性性と結び付いて強制的規範となるので、女性がたとえマネージャーとして成功しても、なんらかのバッシングを伴うことを実験的に検証[12]した。仮説は、男性性のステレオタイプ的仕事で成功した女性マネージャーに対して、男性マネージャーよりも好感をもたれずに否定的な評価・認識をされるが、女性マネージャーに共同性の要因を付加すると評価は逆転するという予測である。実験条件の基本的情報は経営陣のマネージャー候補者の評価メモである。各条件は、①共同性の付加情報あり（部下に関心を払い、彼らの要求に注意する、部全体の促進に努力する）、②共同性とは直接関係がないポジティブ付加情報（部下全体の成果を促進、部内のアイデアの交換、公平な扱い）、③付加情報なしの三条件で、そして男・女のマネージャ

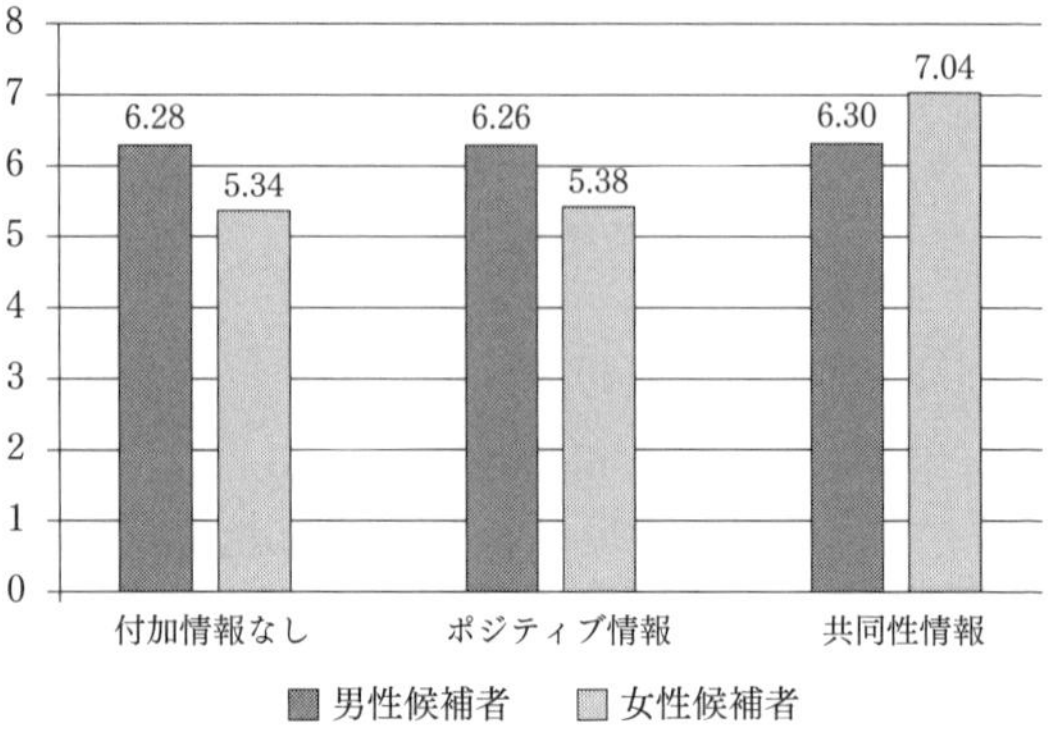

図5　条件別好意性
（出典：Madeline E. Heilman and Tyler G. Okimoto, "Why are women penalized for success at male tasks ? : The implied communality deficit," *Journal of Applied Psychology*, vol. 92, 2007, pp. 81-92.）

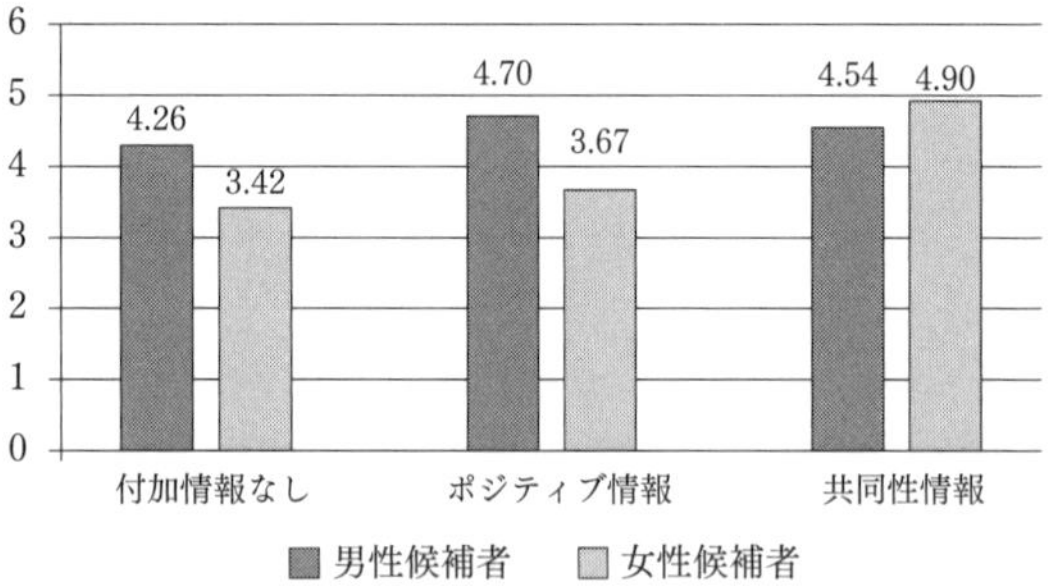

図6　条件別対人敵意の少なさ
（出典：Ibid.）

ー候補者への評価である。

結果はまず評価の好意性では、付加条件と性差には有意な関係があった。つまり、付加なし条件では女性マネージャーは好意をもたれず、またリーダーとしての付加条件でも好意性は低い。しかし共同性の付加条件を加えると、女性マネージャーに対して高い好意性が生じた。対人敵意でもその少なさが高い。また望ましい上司としては、性差は直接の関連はなく、実験条件で提示された情報の付加の違いとの関係で差異が生じた（図５・６・７）。つまり、共同性の情報が付加された場合だけで女性リーダーシップの評価が高く、それ以外の条件では男性マネージャーが高い結果になった。女性リーダーシップでは、共同性というジェンダーのステレオタイプが付加されてはじめてリーダーとしての評価につながり、もしそれがなければそれは共同性に欠けるというペナルティーを負うという、きわめて強固な強制的規範があることを明らかにしている。

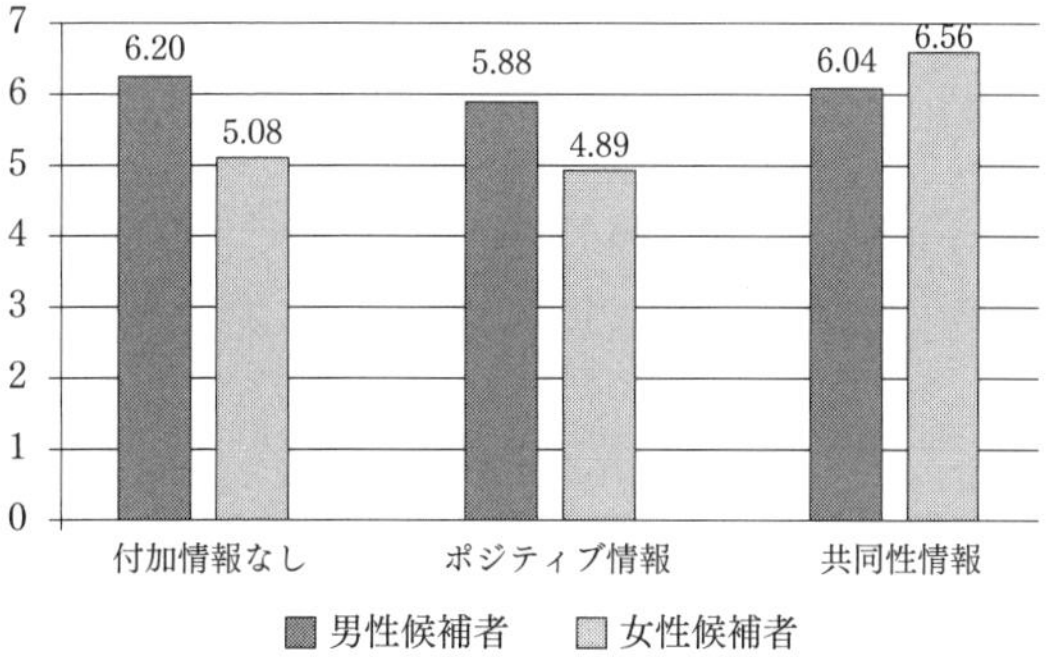

図7　条件別上司への望ましさ
(出典：Ibid.)

〝女性らしさ〟を発揮するリーダーシップ論

このように女性特有のリーダーシップでは支障があるけれども、むしろそれを生かしたリーダーシップの効果ではどうだろうか。男性と同じ資質を競うのでなく、女性の特質を前面に出したリーダーシップ論である。例えば、太田彩子は女性の仕事に生かせる強みとして、六つの感性を提示[13]した。それは共感性、協調性、親和性、繊細性、勤勉性そして母性である。しかし、母性を除けば男性リーダーシップでも好ましいリーダーシップ資質でもあると思われるが、母性ではそこに生物学的意味が含まれ、それは産み育てていく母親業と同質であり、「自分よりも相手のために頑張る」としている。しかし、この六つの感性の短所もあるとして、共感性の過剰反応、協調性の相手の言いなり、親和性として相手になれなれしくすること、繊細性として相手を気にしすぎてしまうこと、母性としておせっかいすぎる、という点を挙げている。また、チームを背負う「母」となることは、一人ではないという覚悟の決断であるとし、組織を強くするには女性リーダーの「覚悟」が功をなす、としている。

一方で、高田朝子は、女性の感性的特性として、例えば「しなやかさ」「いきいき」が女性がめざす女性らしい立ち振る舞いとして勧められるが、しかしそれは評価するべきではない[14]、としている。この「しなやかさ」を気配り、柔軟性、調整、自然体、評価に対してガツガツしないという女性管理職の特有のものとしているようだ、と。フレーズとしての「しなやかさ」は、男性に対しては使用されず、女性の定番フレーズとなっているのはなぜか。ここには女性特有の特性、性役割的スタンスが見え隠れする（調整的、思いやり、優しい、気配りなど）。つまり、暗黙のうちにこの女性特有とされる行動特性を強制している、と高田は論じている。その一方で、チーム・集団をまとめ、管理職として結果が求められ、リーダーとしての成果・結果を出すことが期待されることで、その間のダブルバインドに陥り、ジレンマ状況は続くかもしれない、と述べている。

他者からの認識――認知者側のバイアス

この役割不適合性理論の枠組みは社会的認知でのステレオタイピングでもある。ここでは刺激あるいは情報を取捨・選択してそれを既存の認知的枠組みと関連づけ、どのように認知的構造化にするかの問題でもある。これは評価者の認識のあり方が重要な要因になる。つまり、評価する側にこのジェンダーギャップが影響し、さらなるバイアスを伴った認識になることがある。若林満と宗方比佐子の検証(15)では、リーダーシップの認知的構造とその評価には性差は見いだされなかった。しかし、評定される側の対象者（男性リーダーか女性リーダー）、そして評定者の性差によってその構造が異なることを明らかにしている。さらに、性による差異の程度は男性が女性のリーダーシップを評定する場合、男性リーダーシップと比較して、その差異が大きくなることも明らかにしている。ここでの調査は女性管理職に対する態度尺度（ＷＡＭＳ）を用いた評価である。女性リーダーシップ評価では評価者と交互作用の関係にあった。つまり男性評定者では男性リーダーと女性リーダーでは男性リーダーに有意に高い評価値だが、女性が評定者の場合はその差異は小さい。さらに、男性評定者では、女性的資質と女性的リーダー行動間に高い相関関係にあった。このことから、若林たちは男性では性役割的ステレオタイピングがより強いことも指摘し、それは女性管理職に好意的態度の場合でも、女性的側面（配慮・許容）を強調する評価であることを明らかにしている（図８の②）。

先の「雇用均等基本調査」では、なぜ女性の管理職が少ないかの理由として最も多いのは「必要

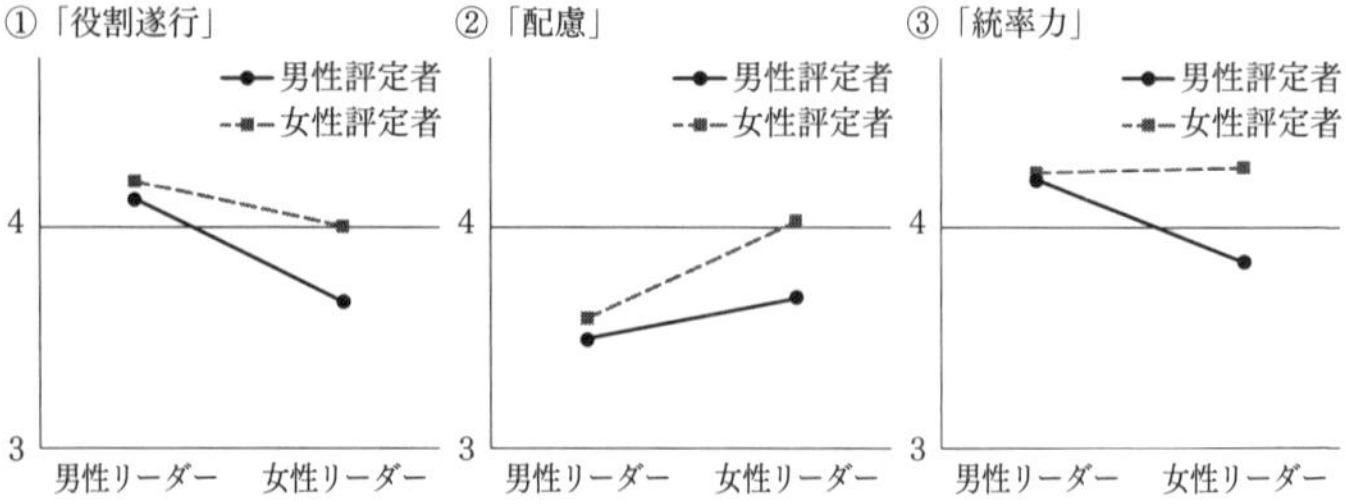

図8　女性管理職に対するリーダーシップ評定（役割遂行、配慮、統率力）
（出典：若林満／宗方比佐子「女性管理職に対する態度（WAMS）と女性リーダーシップの評価に関する研究」、名古屋大学教育学部編「名古屋大学教育学部紀要教育心理学科」第33号、名古屋大学教育学部、1986年）

な知識や経験、判断能力などを有する女性がいない」で、半数を超えていた。また、最近でもこれほどの高さではないが、やはりこの傾向にはある。この回答者（企業データ）の性別の割合はここでは明記されていないが、多くの企業の管理職は男性が多いことから推察すると、男性管理職者の評価が大きく影響しているのではないかと思われる。

現在もわが国では、リーダーシップ能力・資質の低さが女性リーダーシップを阻んでいるという認識は強い。そしてこの比率は若村らの例からも男性では高い。そして男性に強いジェンダーステレオタイプが影響していることも考える必要があるだろう。例えば、人事権を握る立場の人間、つまり、管理職として昇進や配属などの査定・評価をする者は、実態としてはまだ男性が圧倒的に多いだろう。そうすると、このような強いステレオタイピングで評価しているかもしれない。

女性の作動性リーダーシップは既存の男性中心の地位関係を脅かす？

地位不適合性仮説から

さらに、女性にとっては強制的規範の縛りだけでなく、企業のように明確な地位関係にある組織的構造では、リーダーシップは集団の地位（階層・階級）関係と関連づけられる。女性が作動性リーダーシップを発揮すると、これまでの男性中心の地位関係を脅かすことになり、バックラッシュを導くことになり、女性によるリーダーシップはさらに厳しい反撃にあうのではないかとローリー・ラドマンらは指摘[16]する。彼らは地位不適合仮説（ＳＩＨ：Status Incongruity Hypothesis）から、それを検証している。ＳＩＨとは、権力を保持したり追求しようとする女性はより上位の地位に挑むので、従来の女性としての低地位と不適合になって、それを侵害する者としてペナルティーを負う。特に女性の作動性リーダーでは、社会的・経済的ペナルティーのリスク、つまり地位の侵害者としてより強いペナルティーを負うのではないか、というのである。また、女性の作動性リーダーに対しては、同じ程度の男性の作動性リーダーよりも攻撃的、支配的、傲慢の特性が強く認識される（支配ペナルティー）。このような現象は、特に大企業のような階層・構造性が明確な組織・集団ではリーダーは地位と密接な関係にあり、その現象はより如実に現れ、現実的に男女の不平等の引き金になるのではないかと仮定した。彼らはむしろ、この姿勢は認知的発動よりも動機的発動（既存の安定した階層を維持したい）と見なしている。

ラドマンらの研究の具体的検証では、厳しい（不安定）社会状況では、女性作動性リーダーでは自分たち（男性）の地位が脅かされる恐れがあり、競争相手としてそのようなリーダーに対して好意や積極的な雇用姿勢は低下し、またステレオタイプの評価もより強くなるという仮説を立てた。実験条件は、三群で厳しい社会経済状況の高低とコントロール群である。そして評価候補者（男女の作動性リーダー）である。状況の厳しさという条件文では、評価者は「凋落するアメリカ」のタ

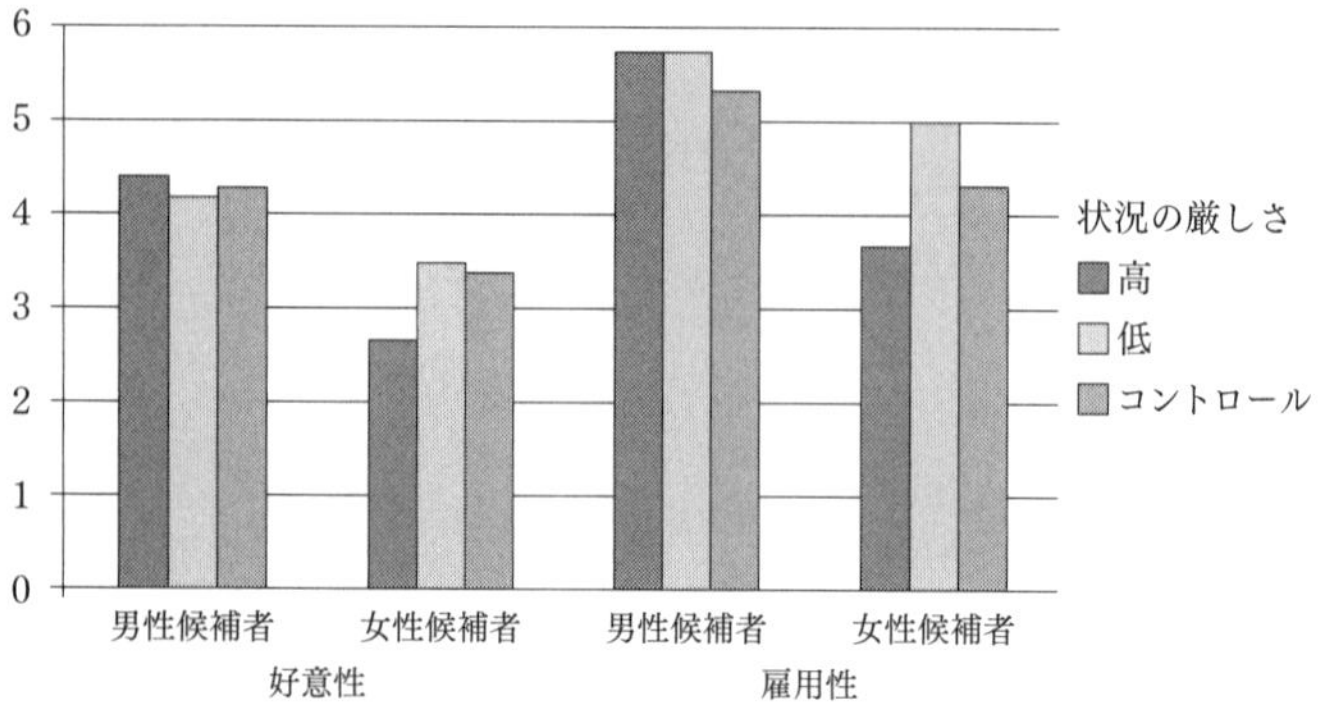

図9　状況の厳しさによる候補者への好意性と雇用性
（出典：Laurie A. Rudman, Corinne A. Moss-Racusin, Julie E. Phelan and Sanne Nauts, "Status incongruityand backlash effects: Defending the gender hierarchy motivates prejudice against female leaders," *Journal of Experimental Social Psychology*, vol. 48, 2012.）

イトルで、現地の社会的・経済的状況の厳しさ（失業者の増大、世界レベルからの遅れ、経済的遅れ）の文面を提示される。一方、低群である「上昇するアメリカ」群では、社会は安定して雇用も順調で、将来展望は希望がもてる文面内容である。そしてコントロールの文面なし群である。測定は候補者に対する好意と雇用に対する態度である。

結果は好意性、雇用性では女性候補者は男性候補者よりも低くなっている。さらに状況の厳しい条件下と候補者の性別では交互作用があり、厳しい状況の下では女性候補者は低い評価である（図9）。またジェンダー指向性も加え、共同性リーダーと先の作動性リーダーを比較したところ、作動型の支配的傾向では女性がより強く見積もられ、特に厳しい状況では女性の作動性の資質を強く評定した。これらの結果は彼らの地位不適合仮説を実証し、特に社会不安定の状況で強くはたらくことを明らかにした。

4　現場では何が起きているか?

女性マネージャー(リーダー)のほうが優れている

アリス・イーグリーらは、一九九〇年代から二〇〇〇年まで、リーダーシップ統合型モデルを用いた研究で公開された実証研究四十五点のデータの再検討[17]をおこなった。この統合型モデルとは、バーナード・バスと共同研究者が開発して、その後何度か改定され、統合型モデル(MLQ：Multifactor Leadership Questionnaire)として各国で活用されている評価尺度[18]である。これは、部下の動機・成果を高めるリーダーシップスタイルを効果的チーム運営と成果から二つのタイプで構成している。

まず変革型(transformational leadership)リーダーシップは、理念的・理想的な態度や行動、インスピレーションの喚起、知的刺激、メンバー一人ひとりの欲求を考えてその育成と欲求への配慮をおこなう。これらは、外界に向ける視点の注視をより促して思考や理念の新しい考え方を与え、明確な将来の目標とビジョンを提示して自らもリスクに向かう。このようなリーダーは、組織・集団の目的を明確化し、それを達成する具体的プランを提示して率先する。

一方、交換型(transactional leadership)リーダーシップは成果にフィードバックし、失敗したときの態度を受け身で見守り、個人利益の最大化をおこなう。リーダーと部下の間の相互交換を重視し、部下の責任を明確にし、集団や組織にとって正当なことを促し、それに反した場合の統制・管理をすることでフォロワーに対して報酬や昇進などを与えることで満足させるリーダーシップである。この尺度にはのちに放任型（laissez-faire）を加え、これをリーダーシップを積極的に発揮しない型とした。

イーグリーらはこの尺度を使った四十五の研究結果に依拠して、これら既存のデータを再分析する手法、メタ分析で検証した。ここでは男女の差異の値として d= MM—MF/Sw（MM MF は男女それぞれの平均値〔Sw〕は、男女それぞれの距離が標準偏差のユニットで測定されたもの）、つまり性差の方向（エフェクトサイズ）を明らかにすることである（ジェンダー差異値）。データは自己評価、他者（部下）評価も含まれ、また組織体も一般企業、教育、官庁関係と多様である。この値は0から1の間で、一般に、d値は0.11<d<0.35でその間の差異は小さく、ほとんどない。0.36<d<0.65の数値は差異はあることを示し、そして、0.66<d は差異は大きいとされる。

結果は、性差間には明確な差異が示された（図10）。ただし、型全体としてはジェンダー差異は小さい（特に交換型ではその間に差異はない）。しかし、サブスケールのなかでは変革型では理念、動機の鼓舞で高い結果となった。なかでも個人的配慮は女性リーダーで有意である。また交換型では、即応的報酬で有意である。男性リーダーで女性リーダーよりも差異があるのは、二つの能動的・受動的逸脱行動管理要因と放任型だった。

求められる新たなリーダーシップ像とは何か

女性リーダーシップのほうが、組織体では優れているという結果をどのように考察したらいいのだろうか。これまでの調査と一般的な評価では、女性の変革型リーダーシップ型は少ないと見なされ、また評価も不安定なものだった。

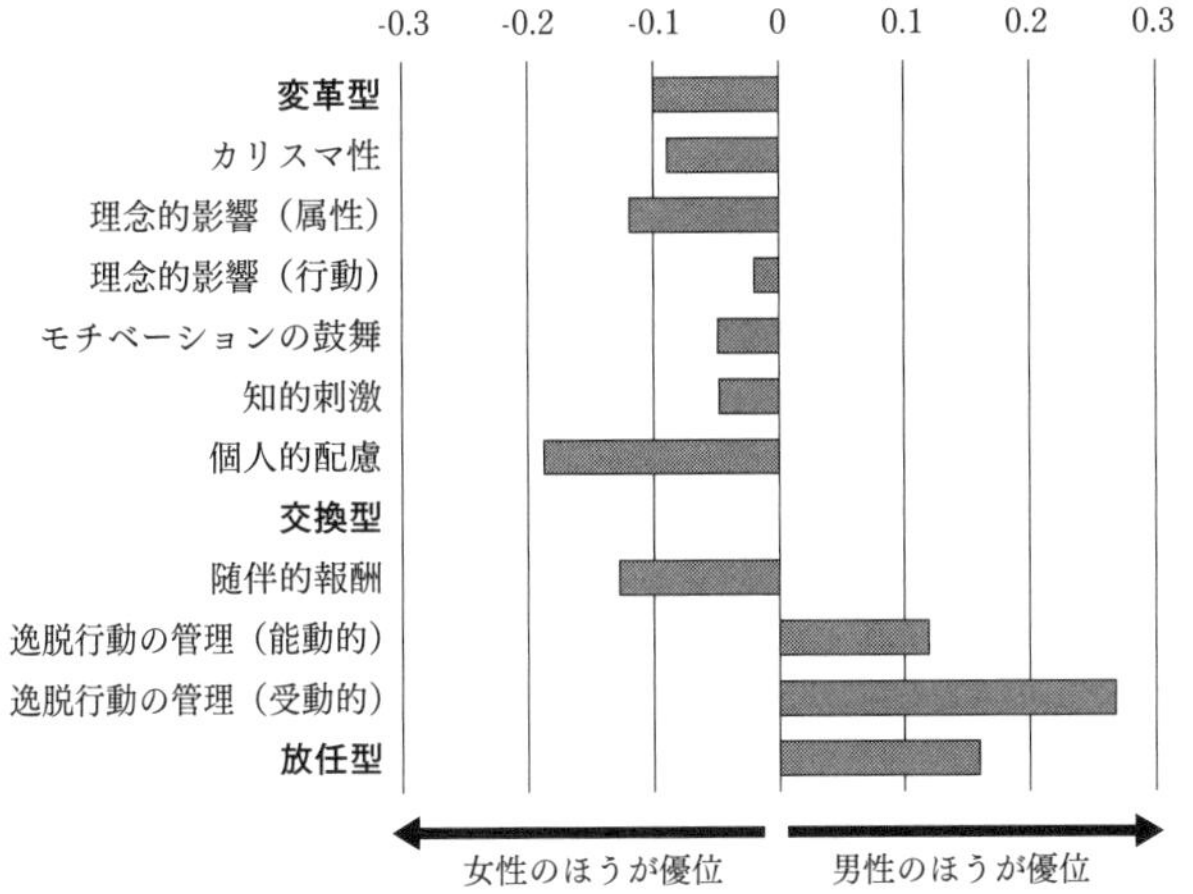

図10　男女マネージャーのMLQ得点からのd値（ジェンダー差異値）
（出典：Alice H. Eagly, Mary C. Johannesen-Schmidt and M. L. van Engen, "Transformational, transactional, and laissez-faire leadership styles: a meta-analysis comparing women and men," *Psychological Bulletin*, vol. 129, 2003.）

イーグリーらは今回の結果をふまえて、あらためて女性のリーダーシップ行動とそれに影響を与えている周辺の変化に注目した。一つは、女性が高い評価を受けた理由としては地位や権威としてではなく、実際の働きぶりを観察しての見解である。評価者は特定の部下、上司など直接関わる者で、具体的成果・実績に伴った評価である。ここには権威、イメージ、ステレオタイプに頼るのではなく、現場での行動から理念（ビジョン）、個人的な配慮が評価され、結果的に変革型になったのではないか。ここに達成すべき目的、部下育成など日常の仕事のなかで女性に自信が生まれたという。また組織でのリーダーシップのあり方の変容（部下育成、頻繁なコミュニケーション）、そして組織体制そのものの変化（例えばプロジェクト型の課題達成）もみられる。さらには、性差に対する見解・認識も徐々に変容している、などを指摘している。

このスケールの発案者のバーナード・バスらもこの結果をあらためて検討し、なぜ現在、女性が変革型リーダーシップで優位になったかを考察[19]している。ここでは、企業・組織でのリーダーシップのスタイルが変容し、女性がそれに取り組みやすくなった。組織は個人の成長を満足させるために部下のそれぞれの欲求に従って能力を伸ばして発揮するように自覚させ、あるいはそれを促すことを強調する。それには社会感受性、コミュニケーションスキルが求められ、女性はその能力に優れている、と、また女性は道徳的で、公正を重んじ、自己奉仕的であって権威には拘泥しない、とも述べている。現代社会では、社会・企業の下位集団はチームとして創造性を高め、外の世界への関わりを強めている。そのような社会は変革型リーダーシップがふさわしく、また女性にとってはそのような集団でのリーダーシップスタイルは導入しやすい。しかし、と彼らは強調する。社会は受け入れやすくなったが、それには女性一人ひとりの明確な自己主張、自律性、教育、キャリア志向が達成される必要がある、と。つまり、リーダーシップに求められる新たな資質、展望、能力、技術の育成、そして企業組織に求められる新たな像の変容がここでは記されているのである。

現実には、研究よりも現場の必要性から、また求められるべき姿として先んじているのかもしれない。これについては、女性が取り組みやすい組織環境、社会環境、テクノロジー環境の変化などがそれと呼応する。そこで強調するのは部下の育成、キャリア援助である。最近サーバント・リーダーシップという言葉を耳にする（しかし、この概念は一九七〇年代だが）。その提唱者ロバート・K・グリーンリーフは、これまでの管理・支配・権限など上から、つまり管理・監督を前面に出すのでなく、下からの目線のサーバント（奉仕者としての部下の成長に注目）として、状況の概念化などのリーダーシップ[20]に注目する。

しかし、なぜ現実の場では、依然として女性のリーダーシップ地位（管理職）の割合は低く、また評価も不安定なのだろうか。馬らの指摘のように、評価的格差の大きさ（寄与度で五〇・七％）の結果もある。先に、性のダブルスタンダードの問題だと考察した。そのうえで、実際の現場では評価する側は特定の個人に注目するよりも、これまでのもろもろの情報からの思い込み、一般論などで理解しようとする評価者側の認知的（意識するか否かは関係なく）問題が関わるのではないかとした。この点で思い起こすのが統計的差異化現象である。

5　職場ではリーダーシップに男女の差異はあるのだろうか

カテゴリー化と多様性（ダイバーシティ）

男女の不平等化に注目するという意味では、社会の通念、思い込み、慣習、信念などが女性に機会を与えなかったり、キャリアアップの機会から排除されたり、さらには自らそれを容認するなど、その結果として男女の差異・違いへの注目が不平等を生じさせているのかもしれない。一方では、ダイバーシティへの取り組み（多様な働き方、年齢・性差・国籍・宗教を超えて）の動きも注目されている。

ダイバーシティを社会的カテゴリー化（あるいは自己範疇化理論）から見ると判断しやすい。これは、人は自分を取り巻く社会をなんらかの次元で一つの集まり（ここでは集合体）としてくくり、認識的に構造化し、自分を取り巻く社会を理解することである。だから、次元によって多様な集合体が可能である。またさらなる細分化もある。例えば、女性、男性としての集合体はそれぞれまとまりがある塊として認識され、それが社会的になんらかの意味をなすことで社会的カテゴリー化として捉える。この男、女のカテゴリー化は、生理学的枠組みを背景にするので文化を超えて強固である。さらに強固なのは、「対」（比較対象、男対女）として認識されるからである。対となる集合体を比較対象とすることで、当該集合体をより明示しやすいからである。一方では、それぞれの集合体はある次元のカテゴリー（この場合は性）のまとまりとして意識すると、そこに含まれる対象者は同一の資質をもった集まりとして認識されやすい。しかし、当面（性別）のカテゴリーだけでひとくくりにした中身は一様かといえば、必ずしもそうではない。むしろカテゴリー内の変動や、異質性のほうが大きいかもしれないと考える立場がある。これが、次に述べるジャネット・ハイドがいう多様性におけるカテゴリー間とカテゴリー内（Between or within）の問題である。

ジェンダー間類似性仮説とダイバーシティの間で

Hyde, J. “A good leader looks the same whether they are a man or a woman”（「優れたリーダーは

それが男だろうが女だろうが大した違いはない」)。

ハイドのこの論文[21]では、過去二十年間の男女間比較に関する研究論文四十六編(百二十四ケース)をデータとして、このジェンダー間の類似性の仮説設定のもとにメタ分析をおこなった。仮説では、男女間の差はそれほどの違いはない。むしろそれぞれのカテゴリー内での変動——多様性——は大きい。ここで扱ったのは、心理的要因として認知的能力(言語獲得、問題解決、数学能力、思考能力)、社会的・パーソナリティ要因(リーダーシップ、言語的・非言語的コミュニケーション、自己評価、心的安寧、攻撃性)、そのほか、身体活動、運動能力など多岐にわたる。ここでは本章に関係する要因に注目しよう。

①カテゴリー間：男女間の類似性

結果は、エフェクトサイズとしてd値で示した(ジェンダー間差異値)。この値は0から1の間で、一般に、d値は0.01<d<0.35はその間の差異は小さく、ほとんどない。0.36<d<0.65は差異はあり、そして、0.66<dではその差異は大きいとされる。方向は、このデータではプラス方向で男性が優れていて、マイナス方向で女性が優れていることを示している。

結果は、全体では、0.10以下が三〇%できわめて類似性が高い関係性が示された。0.35以内は四八%で、これらの範囲で七八%を占めた。男性で、女性よりも高いのは運動能力、性的態度、身体的攻撃性などで、女性性・男性性という役割、あるいは能力として男女では、それぞれのカテゴリー間の差異はないということである。

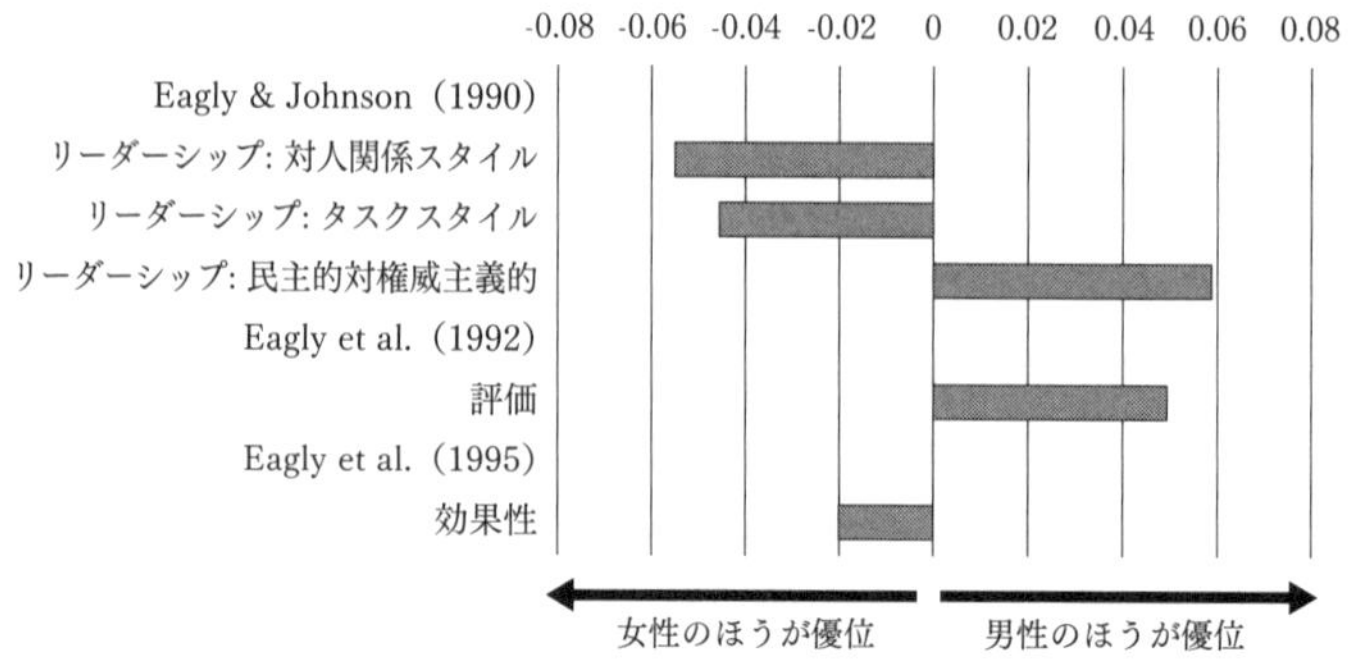

図11　リーダーシップにおけるジェンダー間差異値
（出典：Janet Shibley Hyde, "The gender similarities hypothesis," *American Psychologist*, vol. 60, no. 6, 2005.）

リーダーシップ型では、-0.13（変革型）、0（交換型）、0.16（放任型）で、これらの結果から、先のイーグリーらの結果（図10）とほぼ一致し、変革型は女性に優位であるもののその差異は小さい。交換型では差異はなく、放任型も男性が優位だが、その差異は小さい。イーグリーらの結果は、サブカテゴリーに注目しその間には変動があった。そのほかのリーダーシップ尺度（対人的スタイル、課題スタイル、民主的スタイル、評価、効果性）でもその差異はきわめて小さい（図11）。

性差別の問題として、専攻選択、仕事に就く方向として、STEM（理系女子?）が指摘されることがある。これは科学 Science、技術 Technology、工学 Engineer、数学 Mathematics の頭文字で示し、職業選択の偏りで、理系文化・頭脳的—男性的文化・知性・能力が期待される行動とされ、仕事選択ではキャリアの指導者は専攻選択、就職希望選定では女性に積極的には勧めないといわれている。しかし、これらの結果からは大きな差異はみられない。性差にこだわることで仕事の機会を逃しているかもしれない

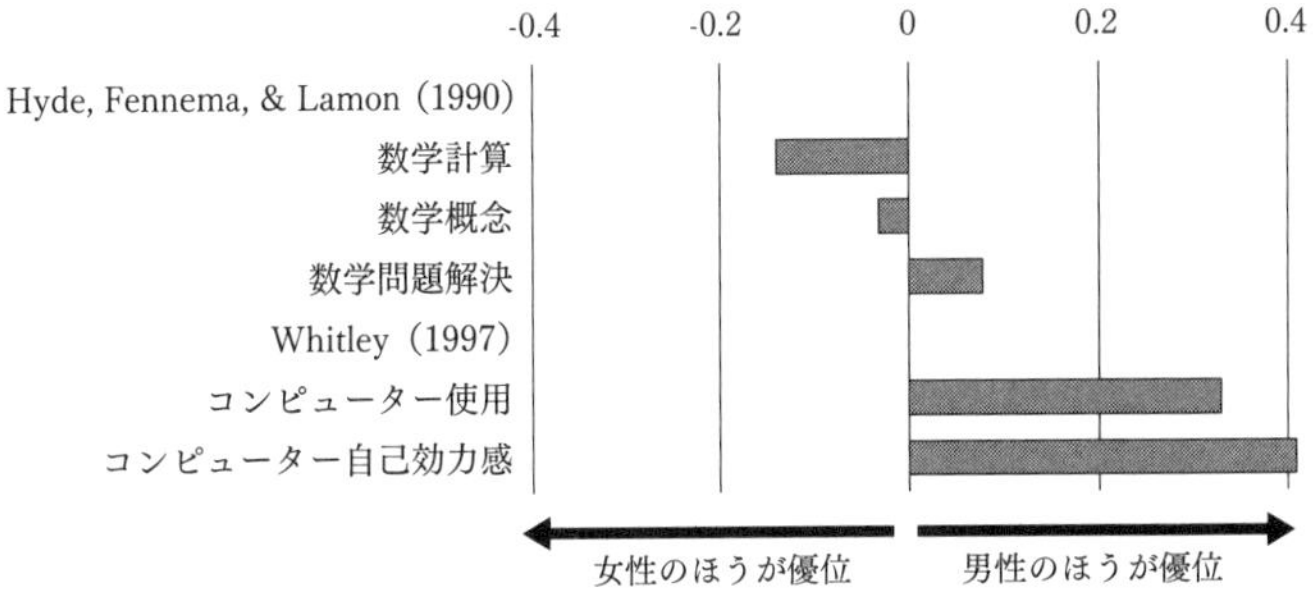

図12　STEMに関する特性のジェンダー間差異値
（出典：Ibid.）

（図12）。

またこのなかで、発達段階の性差をみると、例えば数学、複雑問題解決でみたところ、五歳から十一歳ではその差はないが、十九歳から二十五歳では広がっている。0.32は大きな差異とはいえないが、それでもこの差異をどのように解釈するかはむずかしい問題だ。成長過程で教育的効果やチャンスの機会（パソコンが身近にあるなど）があるのか否か、あるいは男性特有の個人差の激しさなのかは明らかではないが、成長して男性がより優位であることにはやはり一考を要するだろう（図13）。

②カテゴリー間とともにカテゴリー内の多様性を

ここでは、カテゴリー内の検討は十分ではないが、性差が小さいこれらの結果についてはもっと注目すべきだろう。それによって、あらかじめキャリア選定で職種を制限されたり、機会を逃すこともあるのだから。さらに、このカテゴリー内の変動は男性のほうが大きく、極端から極端へ、それぞれの生物学的・個人的特質は男性で裾野が広く、変動が激しいといわれている（スーザン・ピンカー）。このように性差間よりも、それぞ

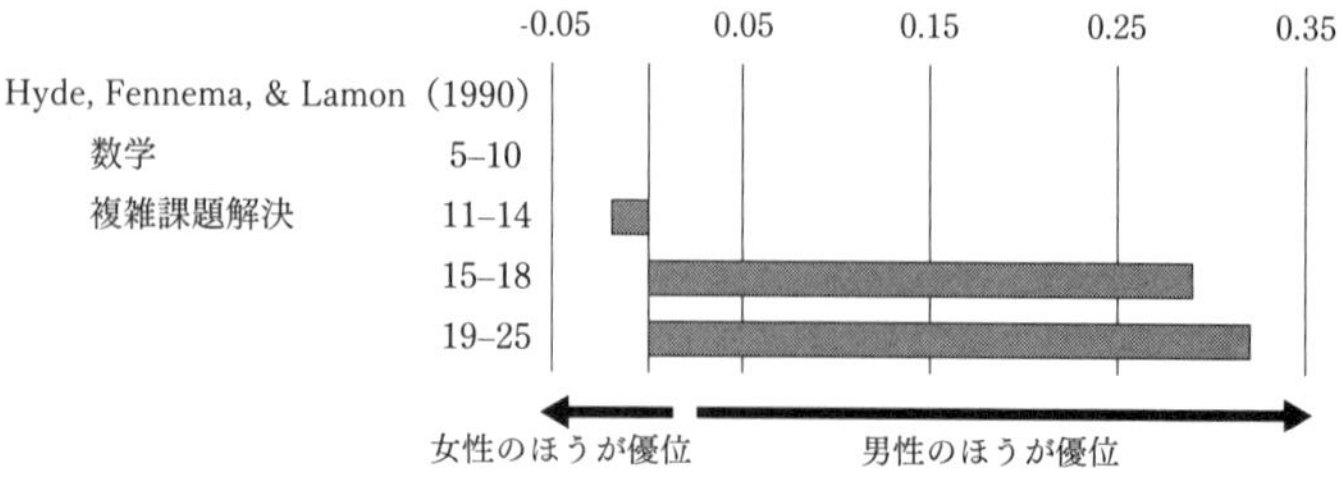

図13　発達過程からみたジェンダー差異値
（出典：Ibid.）

れのカテゴリーの属性内での変動のほうが大きいことに注目すべきで、性差間はそれに比べ類似的である。一方で、女性では比較的適応的だが、時間軸（特に成人後）をみるとその間の変動は大きい。

　性別でカテゴリー化することは、長らく社会を理解する手だてとして社会的意味をもっていたし、また対応集合体（男対女）があることで、その差異を認識し弁別化・明確化することは容易である。さらには、カテゴリー化は自己のアイデンティティと密接に関わるので、集合体の一人としての認識を強める。その結果、カテゴリー化された集合体間ではその差異は対照的になり、さらにはそれが独り歩きをし、当面の社会で一般化された認識に沿いながら、一様性に導かれやすい。

　特に社会的意味付けを考えるうえで、男性・女性という性別カテゴリー化は、生理的・生得的差異からの集合体として、社会的通念からもこのカテゴリーで判断するのはどの文化でも社会を理解する大きな手掛かりになる。そこにはさまざまな特性、例えば性向（パーソナリティ）、能力、情動なども差異化されていく。差異化すると、一見合理的とされるその集合体を代表する視点、例えば平均値・中央値などで判断され、分布の端（少数者）は無視されがちである。

③現実と認識上のイメージの差異の歪みは？——統計的差異化現象、一般化そして自己成就的予言

管理職女性は少数とはいっても、多くの企業では、中間管理職では増えていることも事実である。先の図1の結果からは、厳しい指摘だが、周囲の反応はどうだろうか。身近な管理職女性を特別な存在として捉えているのだろうか。たまたま、チャンスに恵まれていた、ほかの女性とは異なる有能さで秀でている、など一般（?）女性とは異なる資質と能力のためだった、そのために、この少ない事例をして女性一般には敷衍できないとするのだろうか。

これまでの女性管理職の一般的傾向から自己の経験・情報を裏付けることで、自分なりの信念が生まれる。一般的傾向とは、その集合体（例えば、女性）を代表させる平均・中央値（統計値）などで理解し、それを全体の傾向に敷衍することである。

個々人の情報に不確定要素があるときでも、平均値（あるいは中央値）などの代表値によって当該の集合体（カテゴリー）を特徴づけ、それによって当集合体に属する人々を当てはめて代表させることは、その集合体を理解するうえで便宜的で、コストの削減になる。

人はなぜそのような情報で判断するのだろうか。心理学では、ヒューリスティクス（思考の簡便法）あるいは認知的経済性（Cognitive economy）で説明することがある。これらは問題解決の際に情報を取捨選択し、解決に要する時間や手間を省くことができるような手続き・方法（発見法、簡便判断法）である。複雑な事象をより単純化した問題（経済的考慮）に表象化（代表、典型性、利用可能性、係留と調整など）させ、解決の道筋を立てることである。

これは、できるだけ少ない認知的負担によってできるだけ多くの情報を処理をして成果を上げる

うえで効率的・認知的システムであり、カテゴリーすべてに共通する属性を個々の事例で表象するよりも、共通するカテゴリーに表象するシステムのほうが〈記憶の負荷は軽減される〉ことから、負担は軽くなる。例えば、母親というカテゴリーでは、母親もさまざまな属性（シングルマザー、介護などの家族構成の違い、自身のキャリア意識の程度）をもつが、それらはネグレクトされ、〝母親〟でひとくくりにされやすい。例えば〝望ましき者としての母親イメージ〟では、それに合う情報（仮説的情報）は選択的にスクリーニングされ、判断のよりどころとした結果、そのような情報はより確信的となり、確信的情報が当初の判断（望ましき母親像）に一致したとしてその仮説（予言）は検証された（成就）、となる。つまり、予言的自己成就である。ダイバーシティの視点からは、特に時間軸でみた場合、ライフ・イベントなどでみた場合、カテゴリーは同じ母親という集合体でもそれぞれ多様である。カテゴリー間の多様性ばかりでなく、カテゴリー内の多様性にも目を向けることができるのだろうか。そしてそれは、企業にとっては経済的合理性から非効率的でマイナスの要因となるだろうか。

④ダイバーシティへの注目——効率性・公平性・個別性の問題との関係で

ライフ・イベントの多様性から、ダイバーシティは多くの企業で取り組んでいる問題である。ダイバーシティは働き方の多様性の認識を高めることでもあり、そのような組織の方針はそこに集う人材にも影響を与えるだろう。なぜなら、個人の信念・要求がそこで満たされる可能性があるからである。それは結果的に組織にとっては投資でもあるだろう。しかし一方では、ダイバーシティはそれぞれの要求に応えながら全体の公平性を保つことでもある。

例えば、マタハラ（マタニティ・ハラスメント）はこれまで男女間の軋轢だった。しかし、育児休業・勤務体制などが整ってきた昨今では、子どもあり従業員と子どもなし従業員の間、つまり女性内の軋轢を生むかもしれない。軋轢はしばしば不公平、不平等のよりどころである。何をして公平あるいは平等とするかは、きわめて主観的認識が強いものだから一概には決められない。そして、公平性と平等性は必ずしも同じものではない。あえていうならば、平等が不公正の感情を招くこともあるからだ。しかし、不平等と不公正のどちらも、そこに置かれることでの不安、あるいは怒りのネガティブな感情を生じさせる。ダイバーシティでは人権、必要性、社会的信念・ビジョンなどを手掛かりに不公平性の解決に導くのだが、そこに至る（手続き）公平性も重要である（これを手続き的公正という）[22]。手続き的公正では、関係者の情報共有、一貫性などの前提が必要である。さらには、マイノリティへの視点も必要になるだろう。マイノリティは数の多さ（少なさ）ではなく、発言の機会、人権考慮、必要性など意思決定に意見が反映されにくい（例えば非正規労働者）立場である。それらは、当面の企業がどのようなビジョンにあるかが問われることにもなる。

これまで、固定化されたカテゴリーをひとくくりで認識してきた。今後さらなる集合体間の差異化に出合うだろう。性差、障碍者と健常者、非正規労働者と正規労働者、老人と若者など、その差異を示すために違いを強調する。特に既存の立場が優位にあるとする集合体はなおのことである。ハイドの指摘にもあるとおり、カテゴリー間の差異は人が認識するほど多様ではなく、むしろカテゴリー内の差異が大きい。そうであるならば、既存のカテゴリーを超えることも必要かもしれない。

6　社会通念との闘い――社会的バリアを超えて

現状では関係する領域からの格差・不平等・差別化など、膨大なデータに基づいた緻密な検証（例えば、山口一男[23]）を通して、警鐘・警告、提案が論文・著書などで公開されてきた。しかし、性差の開きが一向になくならないのはなぜなのだろうか。そのうえ、これまでの研究成果からは、女性劣位はその役職・職場の性質から必ずしも一貫性はなく、最近では好感度が高い、また成果も大きいという結果・知見も多い。それにもかかわらず、である。私たちの周囲にもそのような有能な女性リーダーがいるだろう。でもそれは特別な事例、たまたまここに存在するだけ、と思うのだろうか。何がそうさせているのか。その間に厚い障壁がありそうである。ここではこれを社会的バリアと仮定し、社会的通念や思い込みからの認識・評価、それに伴う現実との差異を伴う偏見（ステレオタイプ）の壁の厚さとしよう。

偏見にはエスニズム、エイジズム、セクシズム、宗教差別、職業差別などさまざまなものがある。これらは意識レベルでは普通、表面には現れず、例えば一般的な意識調査ではなかなか見えにくく、その本人さえも意識しないことも多くある。アメリカをはじめ欧米諸国では偏見的態度に対しては明示的な社会的規範があり、教育の効果もあって、表向きは差別は減少したが、相変わらず、例えばレイシズムなどは存在する。

そのずれをアンコンシャス・バイアスという。意識せずに知らず知らずのうちに生じているバイアスで、最近では無意識の偏見として、その頭文字でUB（Unconscious Bias）などと呼んでいる。もう一つの問題は、偏見は一般的には一方向的で、嫌悪、否定的である。しかしセクシズムではその間にアンビバレント（相互矛盾関係・相互背反関係）な関係が立ちはだかることである。これをAS（Ambivalent Sexism）と呼んでいる。

無意識のバイアス――UB

思考・行動の処理にあたっては自動処理と統制処理がある。自動処理は自覚、意図、制御が自動的であり、わずかな注意と労力で効率的に処理される。そして、すでにある一定のスキーマが存在するという仮定で、そのスキーマに合致する情報には速やかに反応する。統制処理は自覚・意図を通して判断しその情報に対応する。そしてより多くの労力と時間を必要とするが、制御の認識は明確である。しかし、実際におこなわれる処理では両者間に明確な区別はない。この現象をどのように検証するかは、反応時間（批判もあるが）によって、それが短時間であればあるほど自動処理と見なして、無意識のレベルとして測定する。その検証法としてはIAT（Implicit Association Test）がある。IATの実験では、例えばSTEM分野がある（一四二ページを参照）。これは職業選択の偏見で、理系文化＝男性的資質・能力・知性などが期待される行動となり、就職選択ではキャリア指導者は女性よりも男性にその領域の仕事先を紹介することが多い。IATでは、〝医師〟〝数学教師〟の言葉を示すと、〝女性〟的言葉よりも、〝男性〟的言葉（バット・電車・樹木など）に瞬時（自動処理）に連動（連合形成）して反応する。

矛盾しあうセクシズム――アンビバレント・セクシズム：AS

男性の女性に対するセクシズム（その逆も）は、否定的・差別的な態度・信念・行動として扱われてきた。しかしピーター・グリックとスーザン・フィスクによる相矛盾、双価的（アンビバレント）セクシズム理論[24]は男女平等に関する政策が進められるなかで表面化してきた。そこには差別として敵意的（Holistic）と好意的いたわり（慈愛的 Benevolent）があり、両者は相反する存在としてある。女性に対する否定的な態度・ステレオタイプは敵意的セクシズム（HS）で、従来型である。表面化したものとしては女性は清純で道徳的に優れ、男性に対して必要なものと見なす好意的な態度・価値観（BS）である。ただ、好意的ではあるが、女性を伝統的性役割に向かわせる要素も含む。一方、女性側からは同様に、敵意・好意的の両側面をもつ。男性に対する敵意（HM）は男性優位の勢力関係に対する反発・反感に基づく否定的な態度・信念である。また男性に対する好意（BM）は男性優位の勢力関係を受容して男性を経済的に支えてくれるありがたい存在と見なし、自分にとって必要な存在とする価値観である。そしてこれは、多くの文化で一様にみられることが確認されている。そこには男女とも「よき行為」として認められるべきであり、組織・集団生活にとっての潤滑油でもあると見なされてきた。

根強い偏見と公的空間の関連で――ジェンダー不平等性として

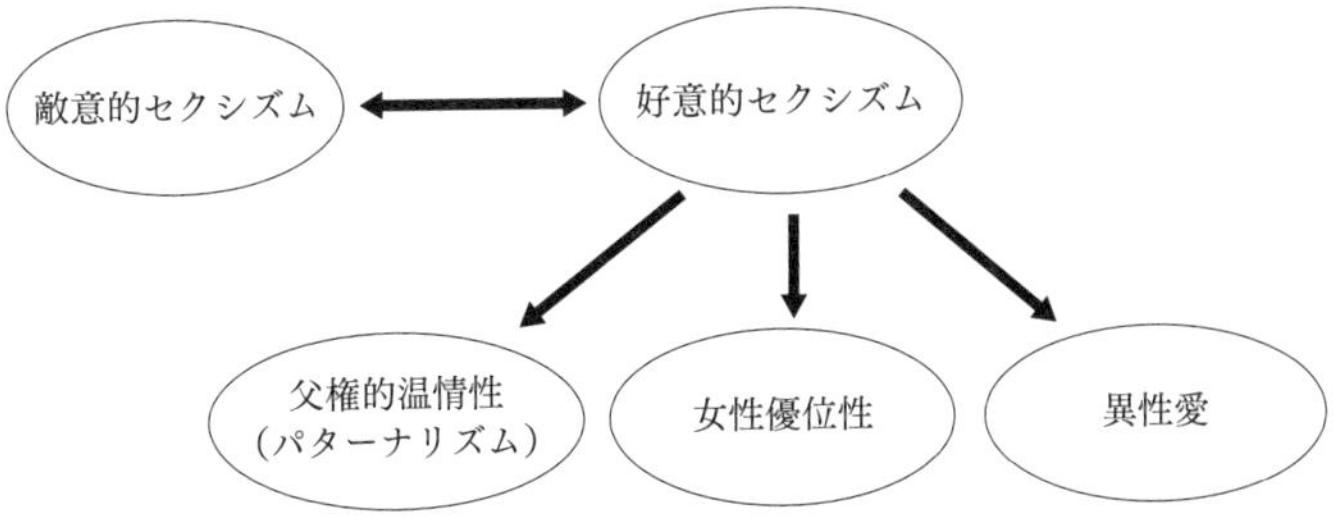

図14　アンビバレント・セクシズムスケールの下位因子構造
（出典：Peter Glick and Susan T. Fiske, “The Ambivalent sexism inventory: Differentiating hostile and benevolent sexism,” *Journal of Personality and Social Psychology*, vol. 70, 1996.）

この好意性の受け止め方はさまざまである。一方で、ネガティブな影響を受ける側（女性）は必ずしもそれをネガティブに受け止めているわけではない。むしろそれを積極的に受け止め、関係性を強化する場合もある。その好意性を戦略的（?）に用いて良好な関係を構築する。〝男性を立てる〟ことで、関係性を強化し、良好な間柄を作ることは日常の行為としてよくみられることである。

　このASの下位構造は、好意的因子では三因子から成り立っていることである。[25] それは父権的温情主義、女性優位性(Complimentary)、そして異性愛の三要因（図14）である。ここで問題になるのは、パターナリズム要因で、職場などでは不平等を生じさせやすいとする。グリックらによれば、ジェンダーの不平等性につながりやすいのは、女性にとっては因襲的・伝統的性役割と権力関係が絡まり、不平等を招く恐れありと警告[26]する。地位関係が明確な場合、父性的慈愛は権力保持者・高地位者のいわゆる上からの目線による好意を導きやすいからである。例えば、育児休業が終わって職場に戻った部下にどのような仕事を課するかは、上司にとっては頭の痛い役務である。チームの目標達成にとって責任ある仕事、当事者にとってはキャリアにつながる仕事を任せるか、あるいはいたわり、家族時間を考慮して比較的簡易な仕事、例えば時間的制限が緩い仕事を依頼するかは、リスクも絡まって悩むことになるかもしれない。

父権的温情主義に潜んでいるもの

テレッサ・ヴェシオらはこの問題を実験的に検証[27]している。成果を求める組織では、一般的セクシズムの性役割として、男性性の特性と結び付いて攻撃的・勢力志向的・競争的で課題達成に果敢に取り組む。一方、女性では、擁護・配慮などで、成果には間接的である。ここでは社会的条件として、弱点フォーカス（マイナスを最小にして成果を求める――女性性集団）条件、強調フォーカス（成果を積極的に促す成果をもとめる――男性性）をその条件とした。課題は、上司（支配的上司）になった実験参加者は選定者として部下の男女八人グループからリーダーを選ぶことである。ターゲットになる部下の評価として新たな地位のポジションの提供数と、称賛（父権的温情主義発揮）の測定（メール内容）からおこなう。

結果は弱点フォーカス条件で、女性ポジション選定では、男性評価者は女性部下に最も低い値（選択数）を与えた（図15）。強調フォーカス条件では評価者の相違はなかった。また、女性評価者では、社会条件間に差異はなかった。さらに称賛測定のメールでは、男性評価者で女性部下に多くの称賛を表した（図16）。なかでも、弱点フォーカス条件の上司男性は最も強く女性部下を伝統的性役割志向に基づいたメール送付になった。つまり、称賛では、結果的には、女性に対して激励・

気遣い・ねぎらいなど高く評価したが、ポジションの提供数としての実際の評価（地位昇進・昇給）とは大いに異なる対応になった。

わが国でもまだ多くの企業組織では上司は男性だろうし、その結果として評価者も男性だろう。たしかに最近では公正な手続き（評価基準の明文化）が多くなってはいるが、はたしてどこまでそれが実施され、開示されるか。ローリア・ラドマンらも、ある個人の情報に直面したとき、直観で判断すること、当面の女性を女性として好意的に解釈しようとすること（女性だから親切、穏やか、協調性がありそう）という視点も大いにありそうだと述べている。[28] そして、その典型的場面として妊娠した仕事に従事している女性をあげ、その女性は好意性（父権的温情主義）と敵意的要因の二重のジレンマに置かれるとしている。一方では、進んで好意性を示し、いたわり、ねぎらいの言葉をかける。他方、上司としてチームの具体的作業に直面し、敵意的に顔をしかめられる。これまでの伝統的な低地位に従うことで、好意のお返しを受けるけれども、これまでの地位からより高い地位をめざし、これまでの地位から抜け出そうとすると敵意性を生じさせる。

　こうして、この主観的・好意的ステレオタイプが公平性にバリアを作ってしまうのではないか。女性にと

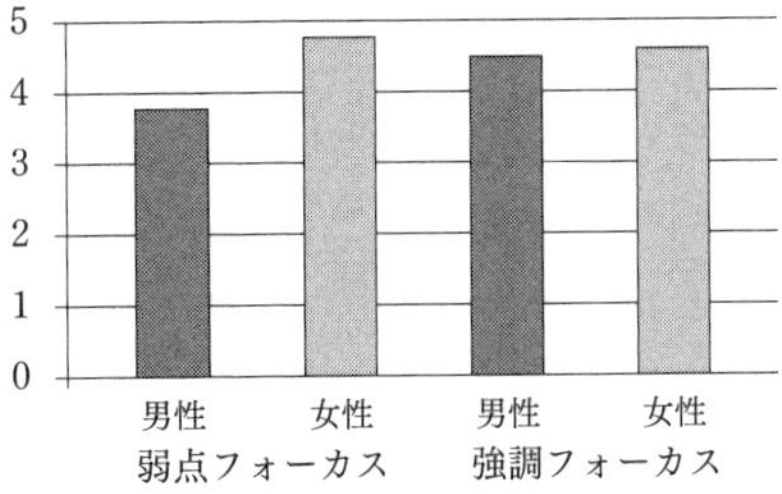

図15　社会的影響条件による女性ポジション選択
（出典：Theresa K. Vescio, Sarah J. Gervais, Mark Snyder and Ann Hoover, “Power and the creation of patronizing environments: The stereotype-based behaviors of the powerful and their effects on female performance in masculine domains,” *Journal of Personality and Social Psychology*. Vol. 88, 2005.）

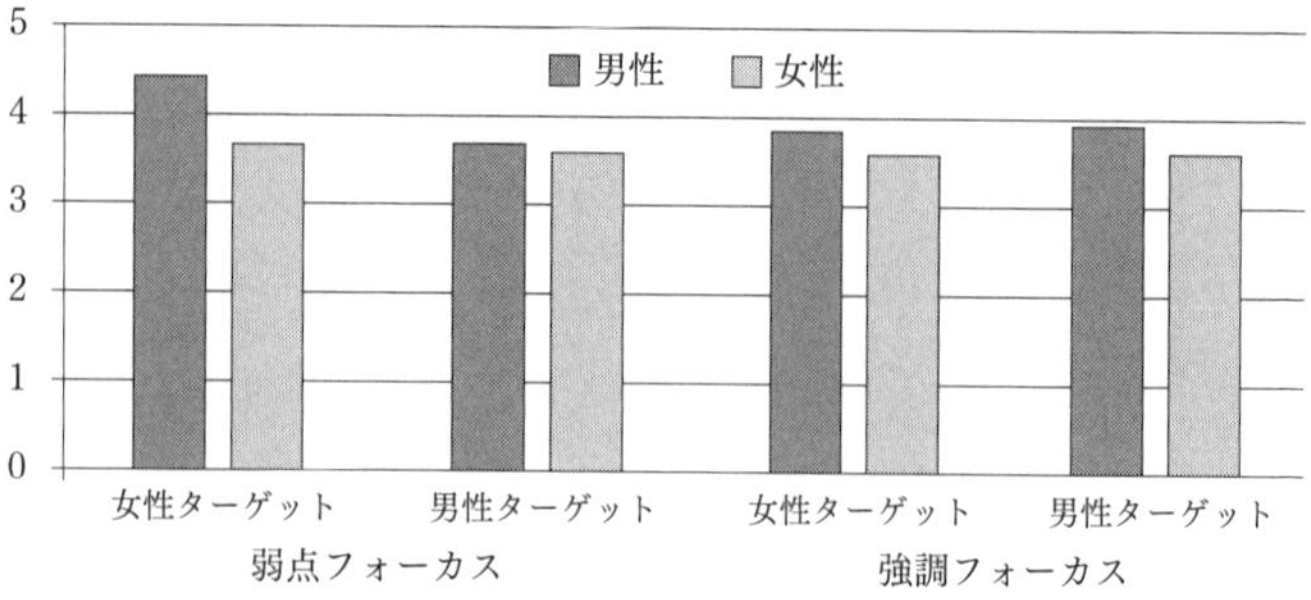

図16　社会的影響条件と称賛（メール）
（出典：Ibid.）

っては伝統的に男性よりも好意的に評価され、それは心地いいが、この心地よさは父権的温情主義の差別化のリスクも伴う。それは低地位の役割に従事する仕事であり、男性性の積極的課題解決志向と関連するリーダーシップ役割からは排除される。女性の温かさと低能力とのつながりができると、好意的な女性のステレオタイプは職場では女性にとって低い評価になりかねない。

おわりに――社会変動のなかでの新たなリーダーシップ志向

社会状況の変化――個人要因と組織要因の連動で

私は九年ほど前に、管理職に従事している現役女性の面接記録からジェンダーギャップを生じさせているモデル（本書一九三ページを参照）を提案した。そこでは、社会的要因、個人要因、組織要因があり、それらの要因が影響しあってジェンダーギャップを引き起こすと提起した。[29] 現在その変化がみられるのは、多様な働き方においてである。特に女性の多様性を認めることで、彼女たちの働き方が多様になった。女性は成人後に多様性が高まるとし、それに即した働き方を模索し始めた。また能力・力量・資質での男女の差異は小さく、むしろそれぞれの内部の多様性に目を向けて多様な働き方、それに伴う多様な制度が設けられ、組織要因と連動し、企業も積極的にそれに沿った制度を作った。その結果、ギャップは縮まりつつある。しかし、その具体的実施についてはまだ道半ばである。例えば、育休制度では取得率女性八一・八％に対し、男性は三・六％にすぎない[30]。今後はさらなる多様性のある働き方、例えば年齢では働き盛りといわれた青年・壮年から高齢者にも適した働き方が求められ、自国民と移住者・他国民との関係など多様性の概念も変わり、働き方の多様化は加速すると思われる。

先にも引用したバスによれば、企業・組織でのリーダーシップのスタイルは変容しつつある。現代社会では、社会・企業の下位集団はチームとして集団を形成し創造性を高め、直接外の世界との関わりを強めている。そのような社会には変革型リーダーシップがふさわしく、それは時代とともにますます求められる。それは女性リーダーにとっても例外的ではない。また組織は、個人の成長を満足させるために部下のそれぞれの欲求に沿った能力を伸ばして発揮するように自覚させ、あるいはそれを促すことを強調する。そのためには社会感受性やコミュニケーションスキルが求められ、女性はその能力に優れている、とバスは指摘する。また、女性は道徳的で公正を重んじ、自己奉仕的であって権威・権力には拘泥しない、とも述べている。現実は、より現場の必要性、あるべき姿として先んじているように思える。組織環境、社会環境、テクノロジー環境の変化も女性の取り組みも容易になりつつある。

しかしながら、社会的要因の社会バリアとしてのリーダーシップの難しさはいまだに残っている。九年前と比較すると中間管理職の比率はたしかに増えつつあるものの、特にトップ地位の進捗度はゆっくりである。まだ壁は厚いようだ。

労働環境、働き方認識の変容

トレーシー・ウィレン・ドウジェンティらは、アメリカ企業を中心にした二百人の女性管理職のインタビューによって、企業でのリーダーシップのあり方[31]を述べている。さらに、そのようなリーダーシップを担う者としての資質の向上も教示している。なかでも強調したのは労働環境、労働意識の変化である。その提言にあたっての手掛かりは女性管理職からの発想だが、内容は女性に限ったことではなく、性差を超えて、今後の働き方、企業組織のあり方を示唆していると思う。まとめると以下のようになる。

1、労働環境の変化（不安定化、流動化テクノロジー、柔軟性、モバイルワーク、フレックスタイム）で多様で柔軟な働き方が可能になった。
2、性役割の柔軟さとダイバーシティの積極的導入。
3、work から job へ（組織帰属からジョブ帰属へ）――仕事内容の固定化から流動化へ。女性の場合、特に長期的在職の難しさは、転職、ジョブ選択、組織従属からキャリア従属へ向かう。
4、組織のフラット化（指揮系統の平準化）――テクノロジーによる情報共有と情報格差の低下、権力構造の平準化へ。
５、個人レベルでは仕事動機は多様になり、利益追求、拡張追求よりも、安定・自己達成感・自己充足感（昇進よりも好み・自己信念・理念追求で昇進は目的でなく結果）。
６、多様な職種・企業組織の導入・展開（感情職種〔介護など〕、サービス業、健康志向、ＮＰＯ団体など）。

そして、よりよきリーダーシップ維持として、①学びの継続、②テクノロジーへの関心と知識、③マネージメント・スキル、④ネットワーキング作り、⑤ビジネスの知識と経験、⑥自信をもつこと、そしてリスクを恐れないことことまとめている。(32)

ここでは直接にはふれていないが、あと一つは社会感受性の認識である。企業は社会を構成する一員だという認識の高まりである。いわゆるＣＳＲ（Corporate Social Responsibility）は今後ますます求められるだろう。この社会的責任とは、内なる責任ばかりではなく、その反映として外に向かっての社会との関わり方、例えば不正に対する厳格な規定と順守、環境問題、消費者・弱者への視点、偏見の立ち位置などである。そのような視点に立ってはじめて、持続可能な組織体としての認識はますます重要になると思う。このような視点からは、さらにＣＳＲの認識の強さの明示が重要になるだろうか。そしてそれは性差を超えて、これもまさしくリーダーシップとして求められるビジョンでもあるだろう。

注

（1）ギンカ・トーゲル『女性が管理職になったら読む本――「キャリア」と「自分らしさ」を両立させる方法』小崎亜依子／林寿和訳・構成、日本経済新聞出版社、二〇一六年

（2）「女性の仕事への意欲を高める職場の要因――女性の昇進意欲と仕事のやりがいに関する分析」、労働政策研究・研修機構編「男女正社員のキャリアと両立支援に関する調査結果（2）――分析編」（「JILPT調査シリーズ」No.119）、労働政策研究・研修機構、二〇一四年、一一九、一〇七―一三九ページ（http://www.jil.go.jp/institute/research/2014/documents/0119.pdf）［二〇一九年二月二十六日アクセス］

（3）馬欣欣／乾友彦／児玉直美「管理職における男女間格差――日本の従業員と企業のマッチングデータに基づく実証分析」、一橋大学経済研究所編「経済研究」第六十八巻第二号、岩波書店、二〇一七年、一一四―一三二ページ

（4）山口一男『働き方の男女不平等――理論と実証分析』日本経済新聞出版社、二〇一七年、六九ページ

（5）スーザン・ピンカー『なぜ女は昇進を拒むのか――進化心理学が解く性差のパラドクス』幾島幸子／古賀祥子訳、早川書房、二〇〇九年

（6）川口章「昇進意欲の男女比較」、労働政策研究・研修機構編「日本労働研究雑誌」第五十四巻第二・三号、労働政策研究・研修機構、二〇一二年、四二―五七ページ

（7）武石恵美子「女性の仕事への意欲を高める職場の要因――女性の昇進意欲と仕事のやりがいに関する分析」、前掲「男女正社員のキャリアと両立支援に関する調査結果（2）」所収、一〇七―一一三ペ

ージ（http://www.jil.go.jp/institute/research/2014/documents/0119_04.pdf）［二〇一九年二月二十六日アクセス］

（８）国立女性教育会館「平成27年度・28年度 男女の初期キャリア形成と活躍推進に関する調査報告書」国立女性教育会館、二〇一七年（file:///C:/Users/seikyusha8/Downloads/H27%E3%83%BB28%E7%94%B7%E5%A5%B3%E3%81%AE%E5%88%9D%E6%9C%9F%E3%82%AD%E3%83%A3%E3%83%AA%E3%82%A2%E5%BD%A2%E6%88%90%E3%81%A8%E6%B4%BB%E8%BA%8D%E6%8E%A8%E9%80%B2.pdf）［二〇一九年二月二十六日アクセス］

（９）田中真理子／佐藤有紀／堀博美「昇進とステータスに対するモチベーションの性差――就職前後のモチベーション変化に注目して」、産業・組織心理学会第三十三回大会実行委員会編「産業・組織心理学会第33回大会発表論文集」産業・組織心理学会、二〇一七年、二四一―二四四ページ

（10）Alice H. Eagly and Steven J. Karau, "Gender and the emergence of leaders: A meta-analysis," *Journal of Personality and Social Psychology*, Vol.60, May 1991, pp. 685-710.

（11）Virginia E. Schein, "A Global look at psychological barriers to women's progress in management," *Journal of Social Issues*, Vol. 57, 2001, pp. 675-688.

（12）Madeline E. Heilman and Tyler G. Okimoto, "Why are women penalized for success at male tasks ?: The implied communality deficit," *Journal of Applied Psychology*, vol. 92, 2007, pp. 81-92.

（13）太田彩子『働く女性！　リーダーになったら読む本』日本能率協会マネジメントセンター、二〇一〇年

（14）高田朝子『女性マネージャー育成講座』生産性出版、二〇一六年

（15）若林満／宗方比佐子「女性管理職に対する態度（ＷＡＭＳ）と女性リーダーシップの評価に関する

研究」、名古屋大学教育学部編「名古屋大学教育学部紀要教育心理学科」第三十三号、名古屋大学教育学部、一九八六年、二二九―二四六ページ
（16）Laurie A. Rudman, Corinne A. Moss-Racusin, Julie E. Phelan and Sanne Nauts, "Status incongruity and backlash effects: Defending the gender hierarchy motivates prejudice against female leaders," *Journal of Experimental Social Psychology*, vol. 48, 2012, pp. 165-179.
（17）Alice H. Eagly, Mary C. Johannesen-Schmidt and M. L. van Engen, "Transformational, transactional, and laissez-faire leadership styles: a meta-analysis comparing women and men," *Psychological Bulletin*, vol. 129, 2003, pp. 569-591.
（18）Bernard M. Bass, Bruce J. Avolio and Leanne Atwater, "The transformational and transactional leadership of men and women," *Journal Review of Applied Psychology*, vol. 45, 1996, pp. 5-34.
（19）Bernard M. Bass and Ronald E. Riggio, "Transformational leadership of men and women," *Transformational leadership*, 2nd ed., Lawrence Erlbaum Association, 2006, pp. 112-125.
（20）ロバート・K・グリーンリーフ『サーバントであれ――奉仕して導く、リーダーの生き方』野津智子訳、英治出版、二〇一六年（Robert K. Greenleaf, *The power of servant leadership*, Berrett-Koehler Publishers, 1998.）、同『サーバントリーダーシップ』金井壽宏監訳／金井真弓訳、英治出版、二〇〇八年（Robert K. Greenleaf, *Servant Leadership: A Journey into the Nature of Legitimate Power and Greatness*, Paulist Press, 2002.）
（21）Janet Shibley Hyde, "The gender similarities hypothesis," *American Psychologist*, vol. 60, no. 6, 2005, pp. 581-592.
（22）本間道子『集団行動の心理学――ダイナミックな社会関係のなかで』（セレクション社会心理学）、

サイエンス社、二〇一一年、一五九―一七五ページ

(23) 前掲『働き方の男女不平等』

(24) Peter Glick and Susan T. Fiske, "The Ambivalent sexism inventory: Differentiating hostile and benevolent sexism," *Journal of Personality and Social Psychology*, vol. 70, 1996, pp. 491-512.

(25) Ibid.

(26) Peter Glick and Susan T. Fiske, "Ambivalent stereotypes as legitimizing ideologies: Differentiating paternalistic and envious prejudice," in John T. Jost and Brenda Major eds., *The Psychology of legitimacy: Emerging perspectives on ideology, justice, and intergroup relations*, Cambrige University, 2001, pp. 278-306.

(27) Theresa K. Vescio, Sarah J. Gervais, Mark Snyder and Ann Hoover, "Power and the creation of patronizing environments: The stereotype-based behaviors of the powerful and their effects on female performance in masculine domains," *Journal of Personality and Social Psychology*. Vol. 88, 2005, pp. 658-672.

(28) Laurie A. Rudman, Peter Glick and Julie E. Phelan, "From the laboratory to the bench: Gender stereotyping research in the courtroom," in Eugene Borgida and Susan T. Fiske eds., *Beyond common sense: Psychological science in the courtroom*, Blackwell Publishing, 2008, pp. 83-101.

(29) 本間道子「我が国におけるリーダーシップの現状と社会心理学的背景」、日本女子大学現代女性キャリア研究所編「現代女性とキャリア――日本女子大学現代女性キャリア研究所紀要」第二号、日本女子大学現代女性キャリア研究所、二〇一〇年、四三―六五ページ（https://ci.nii.ac.jp/els/contentscinii_20180404013912.pdf?id=ART0009615936）［二〇一九年二月二十六日アクセス］

（30）厚生労働省「平成28年度雇用均等基本調査（確報）」（https://www.mhlw.go.jp/toukei/list/71-28r.html）［二〇一九年二月二十六日アクセス］

（31）Tracey Wilen-Daugenti, Courtney L. Vien and Caroline Molina-Ray eds., *Women lead: Career perspectives from workplace leaders*, Apollo Research Institute Peter Lang Publishing, 2013.

（32）*Ibid.*, pp. 173-175.

第４章　ダイバーシティ＆インクルージョンの必要性とその課題

大沢真知子

いま日本は「男性は仕事」「女性は家庭」という性別役割分業の時代から、一人ひとりが自分に合った人生を選択する時代へと大きく変化している。企業は性差を超えてそれぞれの社員の違いを生かし、異なる発想をする同士が意見を交わすことによって新しい価値を創造する新しい経営の転換点に立っている。

本章では、経済の発展との関連でこのような時代の変化を捉えるとともに、二人の識者のインタビューをもとに、多様な個人がそれぞれに尊重されて社会でその潜在的な能力を生かすためには何が障壁となっているのか、またそれを取り除くためにどうしたらいいのかを考えてみたい。

1　静かな革命とジェンダー革命

文化の違いを超えて、時代の変化には共通性がある。工業が中心の時代には、男性が経済的責任をもって女性が家庭責任をもつ性別役割分業は合理的な制度として受け入れられていた。

ところが、第三次産業が発展すると、ここに変化が生じる。仕事の世界に女性が入り、家庭にも男性が入り、個人差が尊重されるようになる。

「朝日新聞」二〇一八年八月十二日付の社説は、一九六七年のボストンマラソンで女性であることを隠して参加した選手がいたと書いた。マラソンは過酷なレースなので、女性には無理だと考えられていたころのことだ。しかし、それが判明し、大会関係者が彼女の参加を阻止しようとしている写真が世に出た途端に、世論が動いた。社会はその女性の勇気をたたえると同時に、女性にも門戸が開かれるようになったのである。

興味深いのは、その社説のなかで「そんな時代があった。世界は変わるものだと思う(1)」と記者が率直な驚きを述べていたことだ。つまり、気づかないうちに社会規範が大きく変わっているということである。性別役割分業を前提にして、女性は弱いものだから守られるべき存在と考えられていた社会から、性差を超えて個人の違いを尊重する社会へと、いま多くの国が向かおうとしている。

静かな革命

アメリカでは、一九六〇年代になると黒人差別の撤廃を掲げて市民運動が活発化する。その空気が、女性の社会進出の動きを後押しするようになるのが六〇年代後半である。

ここから、既婚女性の社会進出はアメリカの市民運動の高まりとの関連で語られることが多い。たしかに、フェミニズムの運動の高まりによって、女性自らが権利を求めて立ち上がったことや、経口避妊薬が開発されて女性が自分の出産をコントロールできるようになったことなどが直接の要因ではあるが、同時に、経済の構造が変わり、肉体労働から頭脳労働に就業機会が移行するにしたがって、女性が働くことに伴うハンディが少なくなったことも女性の社会進出を進めた要因である。

それでは、いったいどのような経済の変化が女性の社会進出を後押ししたのだろうか。

図１は、アメリカの労働者の実質所得の中央値の推移を男女別にみたものである。この図を見るとわかるように、一九七〇年代の半ば以降、アメリカの男性の実質年収の伸びは鈍化している。これは、就業機会が製造業からサービス部門に移行したことによる。第一次オイルショックでアメリカの製造業が国際競争力を失い、これまで男性が担っていた製造業でのブルーカラーの仕事が減少したからだ。

他方、サービス部門の仕事は高度なスキルや人間関係をうまく築くための人間力が必要となる。男女の違いを超えて、個人の違いが大きくなるのである。

一九五〇年代ごろまでは、アメリカでも既婚女性の労働参加は家計補助の目的でおこなわれるこ

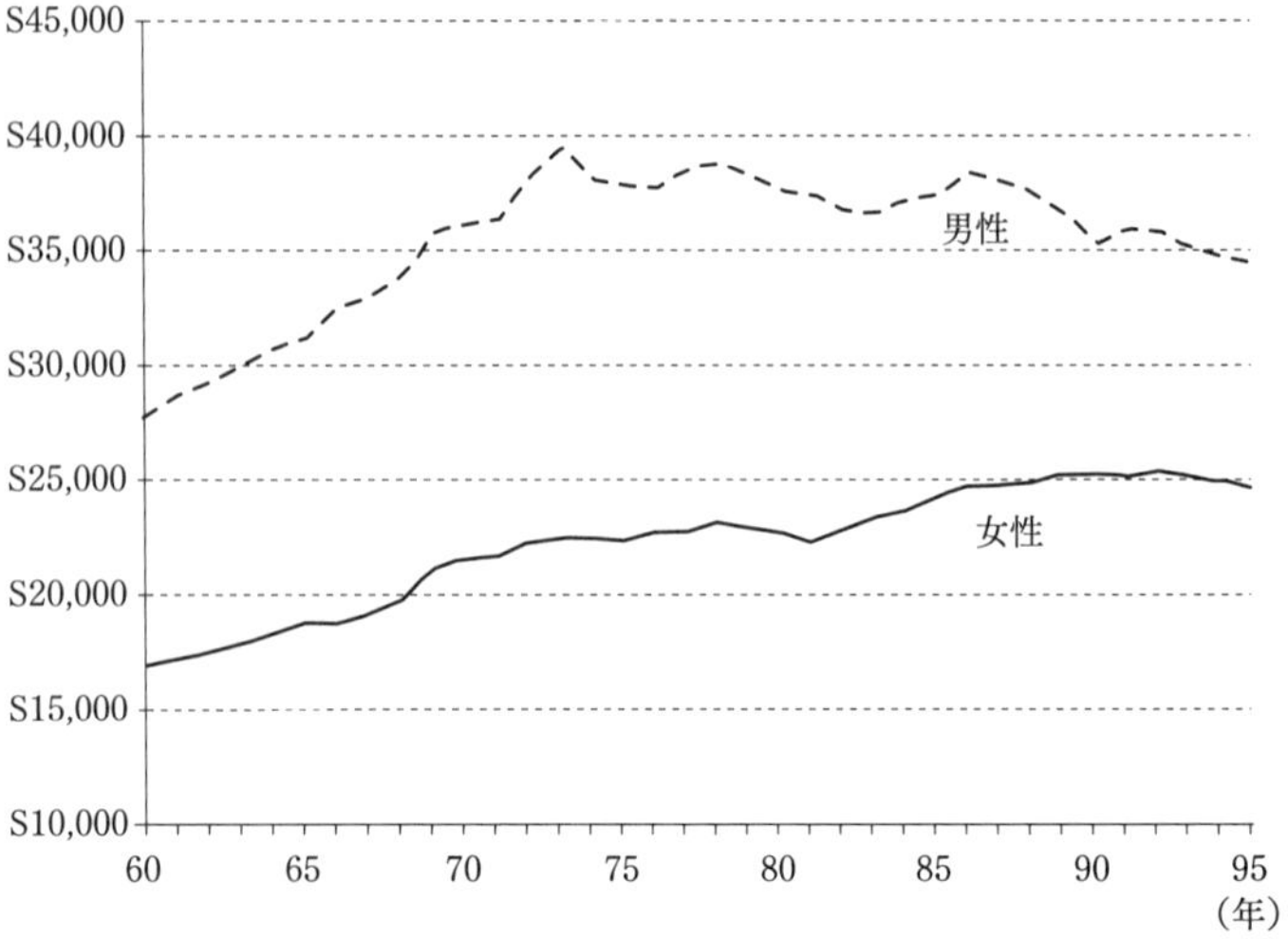

図1　アメリカの男女別実質年収額の中央値の推移（フルタイム労働者）
（出典：大沢真知子／原田順子編著『21世紀の女性と仕事』〔放送大学教材〕、放送大学教育振興会、2006年）

とが多く、経済が発展して夫の所得が上昇するとともに既婚女性の労働力率は低下すると考えられていたが、次第に夫の所得とは関係なく働く女性が増加し始める。その現象を説明する新たな理論も誕生する。それが、新家庭経済学（New Home Economics）と呼ばれるものである。

この理論では、既婚女性の雇用就業率の増加、男女間の賃金格差の縮小、出生率の低下という変化に着目している。男性に対する女性の相対的な賃金の上昇が、同時に女性の時間の価値の上昇を通じて子育てコストの上昇をもたらすことによって、労働市場だけではなく結婚や出産行動にも変化を及ぼし、晩婚化や出生率の低下、さらには離婚率の上昇といった変化をもたらすことを理論的に実証した。

この理論の要は、賃金の変化（男女間の

賃金格差の縮小）にある。それが一方で、労働市場に女性が（個人の名前で）活躍する場所を拡大すると同時に、晩婚化や少子化、あるいは家族の不安定化といった現象をもたらしたのである。

さらにこの変化は、社会規範の変化も伴っていたために、のちにアメリカの経済学者クラウディア・ゴールディンが静かな革命（Quiet Revolution）と名づけている。[2]とはいうものの、実際には家事や育児の分野では相変わらず女性にかかる負担が重く、「未完の革命」、あるいは「立ち往生した革命」とみる研究者が多い。例えば、アメリカの心理学者アーリー・ホックシールドは、仕事と家庭の間で板挟みになっている共働き世帯の女性たちの実態を参与観察によって明らかにしている。[3]

また、デンマークの社会政治学者のイエスタ・エスピン＝アンデルセンも、これは未完の革命であり、その結果、社会の不均衡（家族の不安定化）とより大きな不平等がもたらされたと述べている。[4]さらに、それがどのような新しい均衡に向かうのかが注目されていたのだが、最近の研究では、その鍵を握るのが、家庭内でジェンダー間の負担の平等だと考えられている。

ジェンダー革命

たしかに、既婚女性の社会進出が進む初期の段階では出生率は低下するが、その後出生率は回復する。これがジェンダー革命と呼ばれるもので、この段階では家庭内での負担がより平等な方向に向かうのである。ただし、ジェンダー革命が起きている国もあれば、出生率の回復の勢いが弱くて超少子化と言われる状況から脱出できない国もある。例えば、アメリカやイギリス、北欧諸国では出生率が反転して、女性の社会進出が出生率を上昇させるという関係が見られるようになるが、南

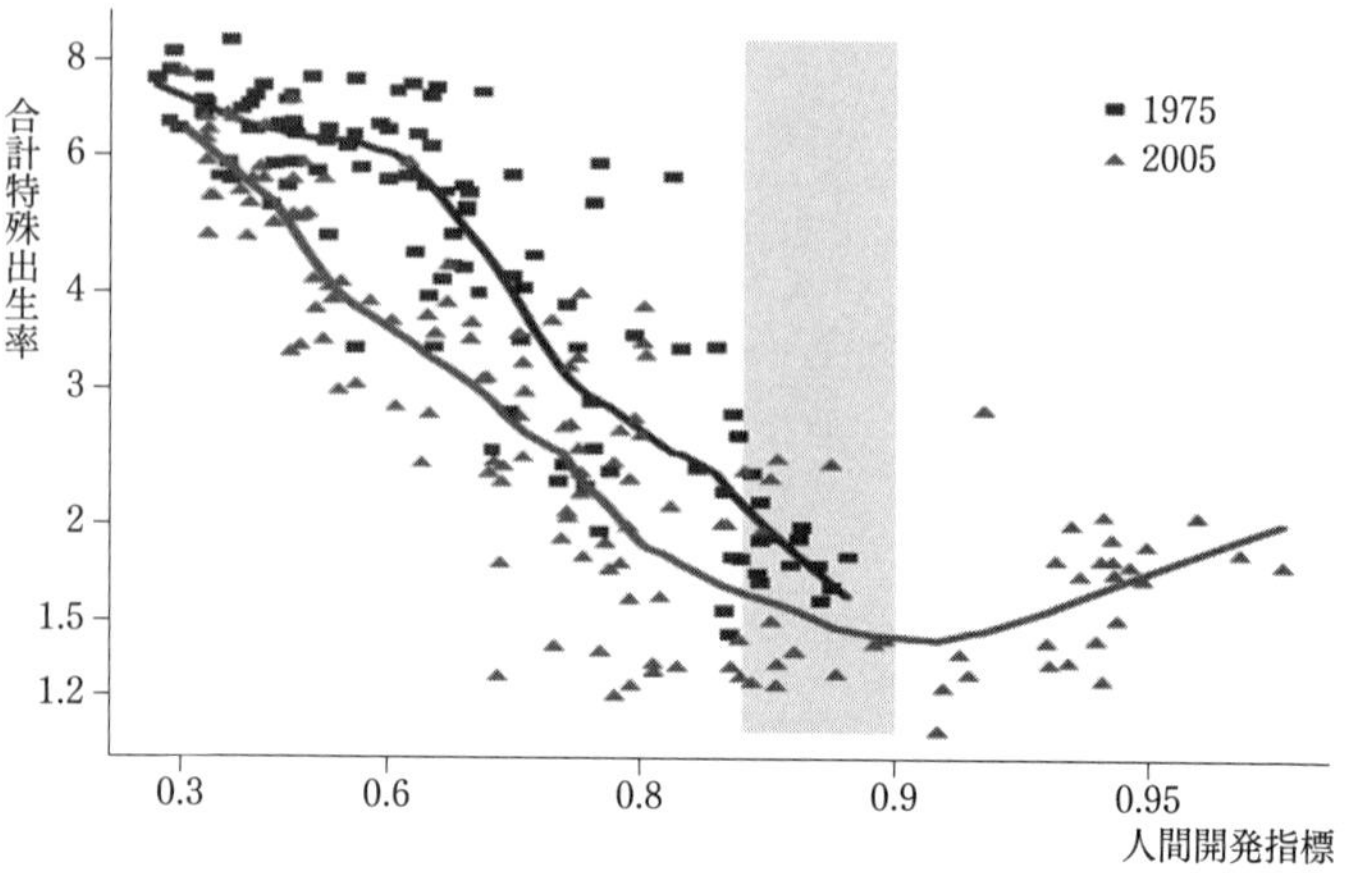

図2　人間開発指標と出生率の相関関係（1975年と2005年の比較）
（出典：Mikko Myrskylä, Hans-Peter Kohler and Francesco C. Billari, "Advances in development reverse fertility declines," *Nature*, 460（6), 2009.）

欧諸国や韓国・日本といった国では出生率が低い水準に維持されていて、少子化の傾向から抜け出せていない。

図2は、合計特殊出生率と人間資本開発指数（平均寿命・教育水準・所得指数の三つの複合統計指数）の関係を一九七五年と二〇〇五年とで比較したものである（一九七五年は百七カ国、二〇〇五年は百四十カ国が対象になっている）。一九七五年では両者には負の関係がみられ、経済が発展して国が豊かになると出生率は低下しているが、二〇〇五年時点ではU字の関係がみられ、ある一時点を過ぎると経済が発展した国では出生率の上昇がみられる。この変化は、アメリカやイギリスや北欧諸国で、女性の労働参加率と出生率の間にプラスの関係がみられるようになったことによってもたらされている。

これは主に高学歴のカップルの間で女性の労働参加と男性の育児参加が同時に進んで、夫婦で無償労働の負担の平等度（Gender Equity）が高まったことによってもたらされたと考えられている。[5]

2　日本に起きている静かな革命

長い間、日本では欧米のような変化は起きていないと考えられてきた。[6] また、そのような女性が増えているとしても、それはまだ一部の恵まれた女性だと考えられてきた。その理由として、アメリカのようなフェミニズムの運動が日本では盛り上がらなかったからだ、ともいわれている。しかし、最近は、若い世代を中心に従来とは異なる変化が結婚でみられるようになっている。

以下ではデータをもとに、日本の女性の社会進出の変化や出生率の変化についてみてみよう。

女性労働力率の増加とM字就労の変化

日本の女性労働力率（十五歳以上の人口に占める女性労働者の割合）は一九八五年の四八・七％から二〇一六年の五〇・三％へと若干増加しているものの、それほど大きな変化ではない。これは雇用者の増加と同時に家族従業者の割合が減少したためで、雇用者だけでみると、既婚女性の雇用就業率は一九八五年の二九・九％から二〇一六年の四五・五％へと大きく増加している（図3）。

また、十五歳から六十四歳の人口に占める女性労働力率は二〇一七年ではアメリカやフランスを追い抜いていて、数の面ではほかの先進国と比較しても高い割合となっている。

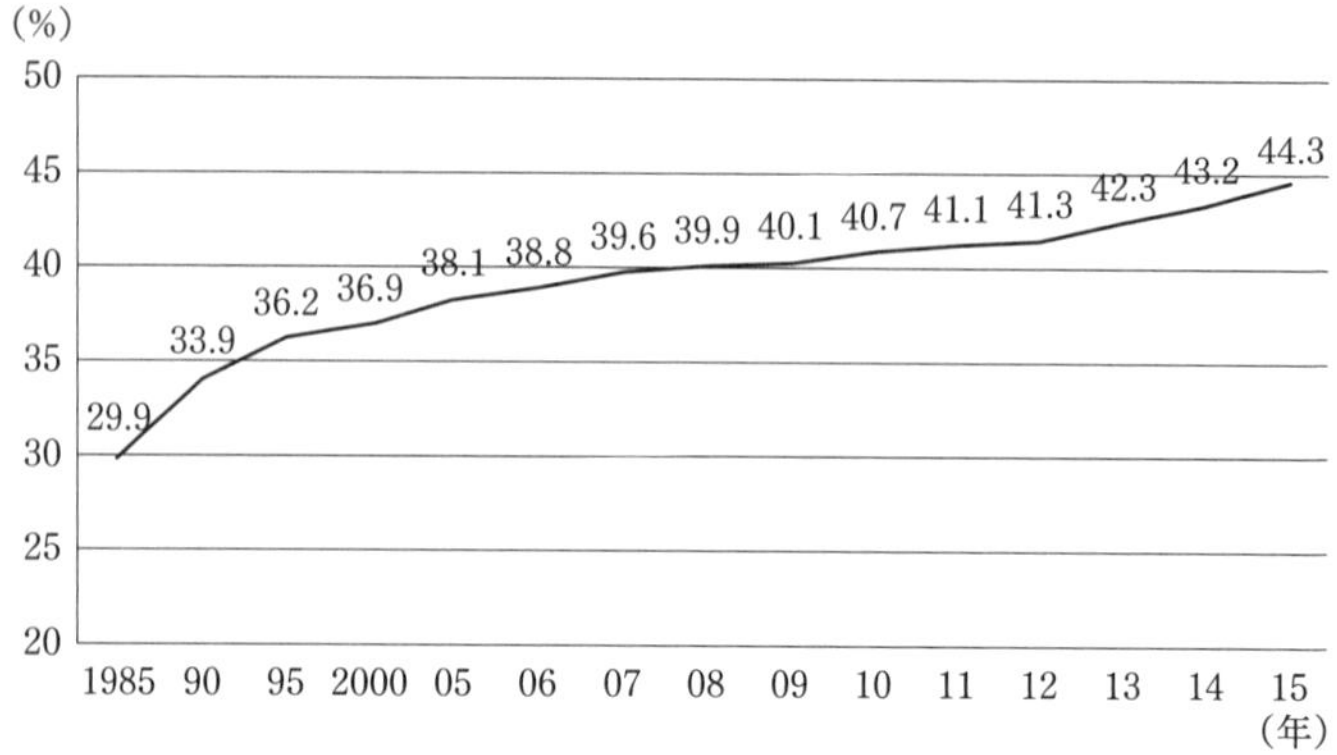

図3　日本の既婚女性の雇用就業率の推移
(出典：総務省統計局『労働力調査』総務省統計局、各年)

年齢別に見た日本の女性労働力率は三十歳から三十四歳でそのほかの年齢層より低くなることから、日本の女性は結婚や出産で離職しやすいといわれてきた。しかし、これも変化しつつある。二〇一七年の労働力調査の結果を見ると、三十歳から三十四歳の女性労働力率は七五・二%で、四十歳から四十四歳の七七%とほぼ同じ水準となっていて、M字はほぼ解消されている。

しかし、この変化を詳しくみると、女性の労働力率は増えているものの、それが女性労働者の質の向上には結び付いていない。すでに第1章から第3章で論じているように、リーダーのポジションに就く女性の数は少ない。

また、増加の多くは、晩婚化や非婚化、あるいは、非正規労働の増加によってもたらされていて、女性の活躍推進が経済回復の鍵とはいわれているものの、本質的な変化がみられるわけではない。

二〇一〇年から一四年の間に出産した女性のうち、出産後も就業を継続している女性は全体の三八・三%にすぎない。これを就業形態別に見ると、同じ時期に出産した女性正社員の六九・一％は継続就業しているが、パートタイマーなどの非正規労働者は一七・八％と低い比率になっている。欧米諸国では、出産後に女性が就業時間を短縮して同じ職場で就業を継続することが多い。しかし、日本の場合には、一旦離職して、ある程度の期間を経て非正規労働者として再就職するケースが多い。

なぜ女性は離職するのかについては、第1章から第3章ですでに論じているように、そもそも女性が長期に勤続することが期待されておらず、子どもをもって働く女性に対しては好意的性差別がおこなわれることが多いことなどがその理由と考えられる。

男女間賃金格差の縮小

図4は、一般労働者（常用労働者のうちパート労働者を除いた労働者）の残業手当などを除いた給与について男女で比較したものである。一九八五年では女性の賃金は男性の六割にすぎなかったが、二〇一五年にはその差は七二・二％へと縮小している。

とはいうものの、大学への教育投資の回収率を男女別に先進国比較をすると、日本では教育投資の利益率の男女差がほかの国に比べて大きい。それが大学の進学率の男女間格差にもつながっている。例えば、二〇一六年の男性の進学率は五五・六％に対して女性は四八・二％で、男性のほうが七・四％ポイント高い（図5）。

第2章では、職場のなかでの仕事の割り振りでステレオタイプが使われやすく、女性が昇進意欲を失いやすいことを指摘している。女性が生産性がより低い仕事に配属されていることが、教育投

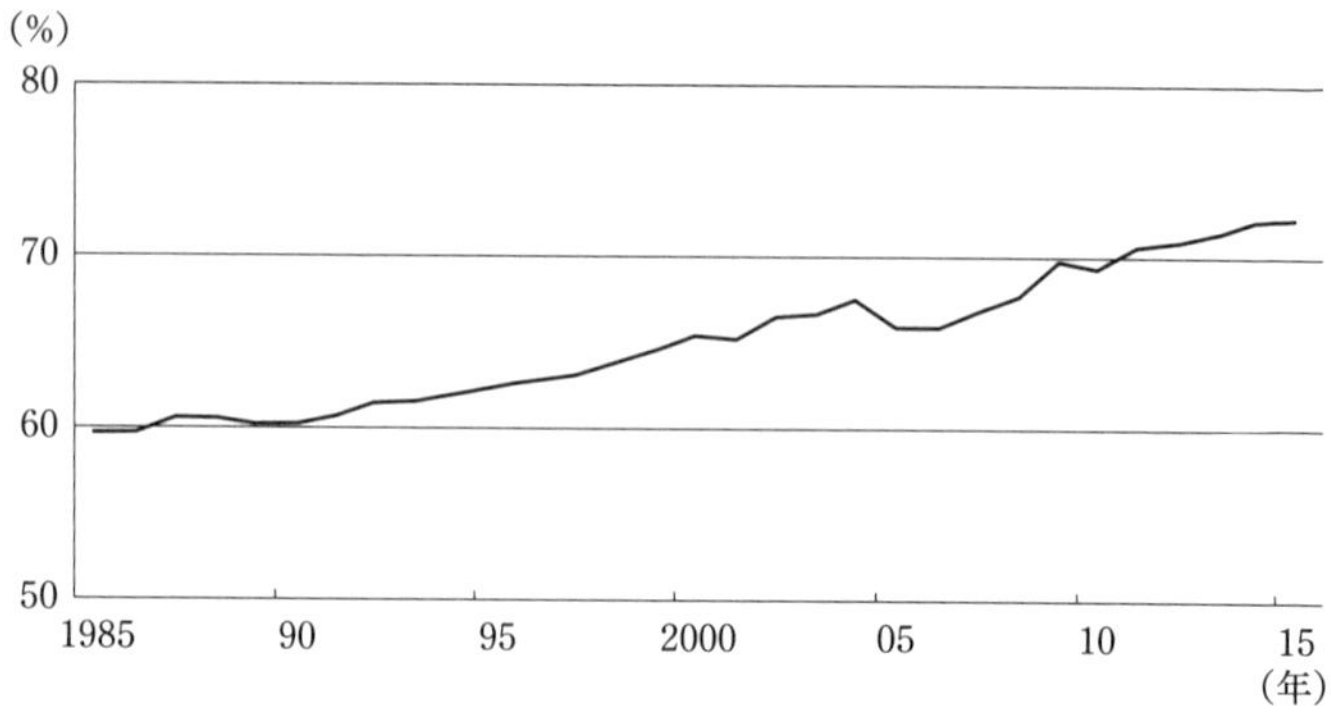

図4　男女間賃金格差の推移（一般労働者）
注：男性に対する女性の所定内給与比率：女性／男性
（出典：厚生労働省『賃金構造基本調査』厚生労働省、各年）

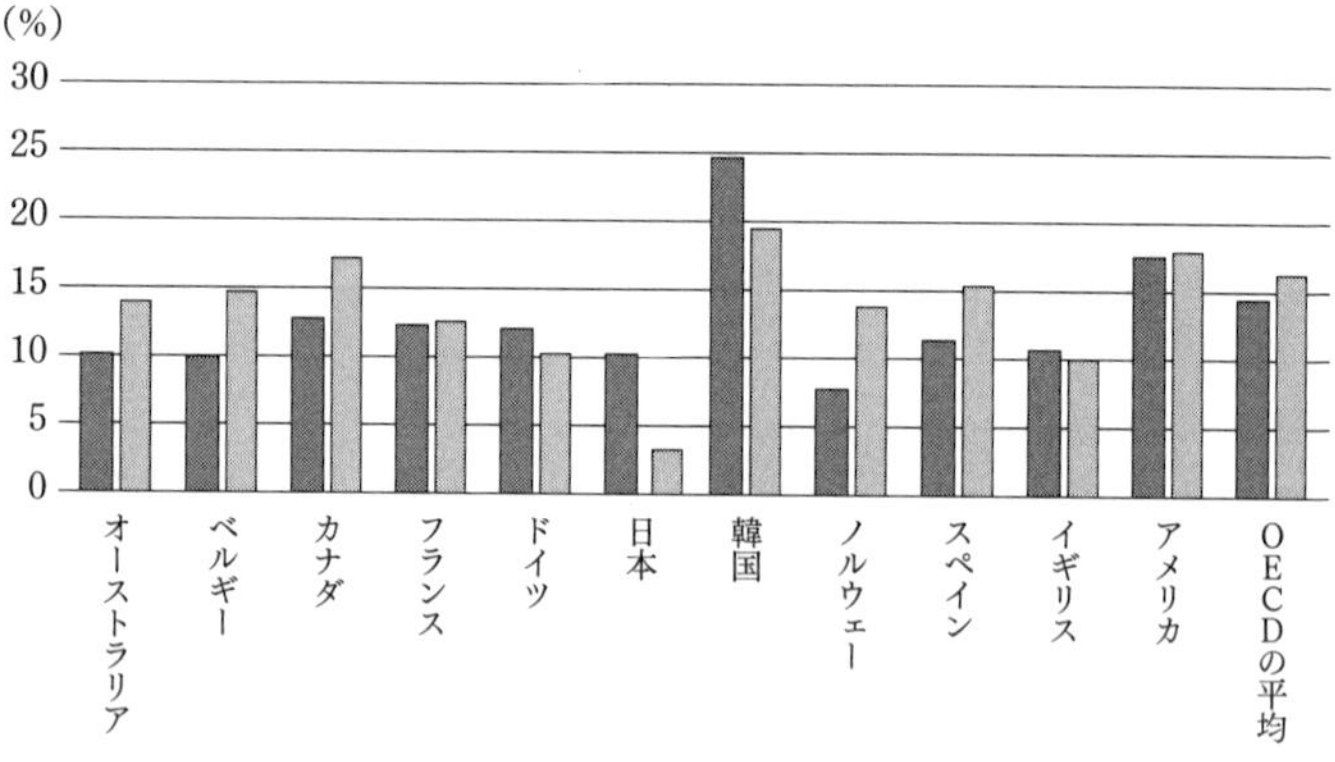

図5　男女別に見る教育投資利益率の先進国比較、2013年
（出典：経済協力開発機構〔OECD〕編著『図表でみる教育――OECD インディケータ（2018年版）』矢倉美登里／稲田智子／大村有里／坂本千佳子／立木勝／三井理子訳、明石書店、2018年、128―129ページ）

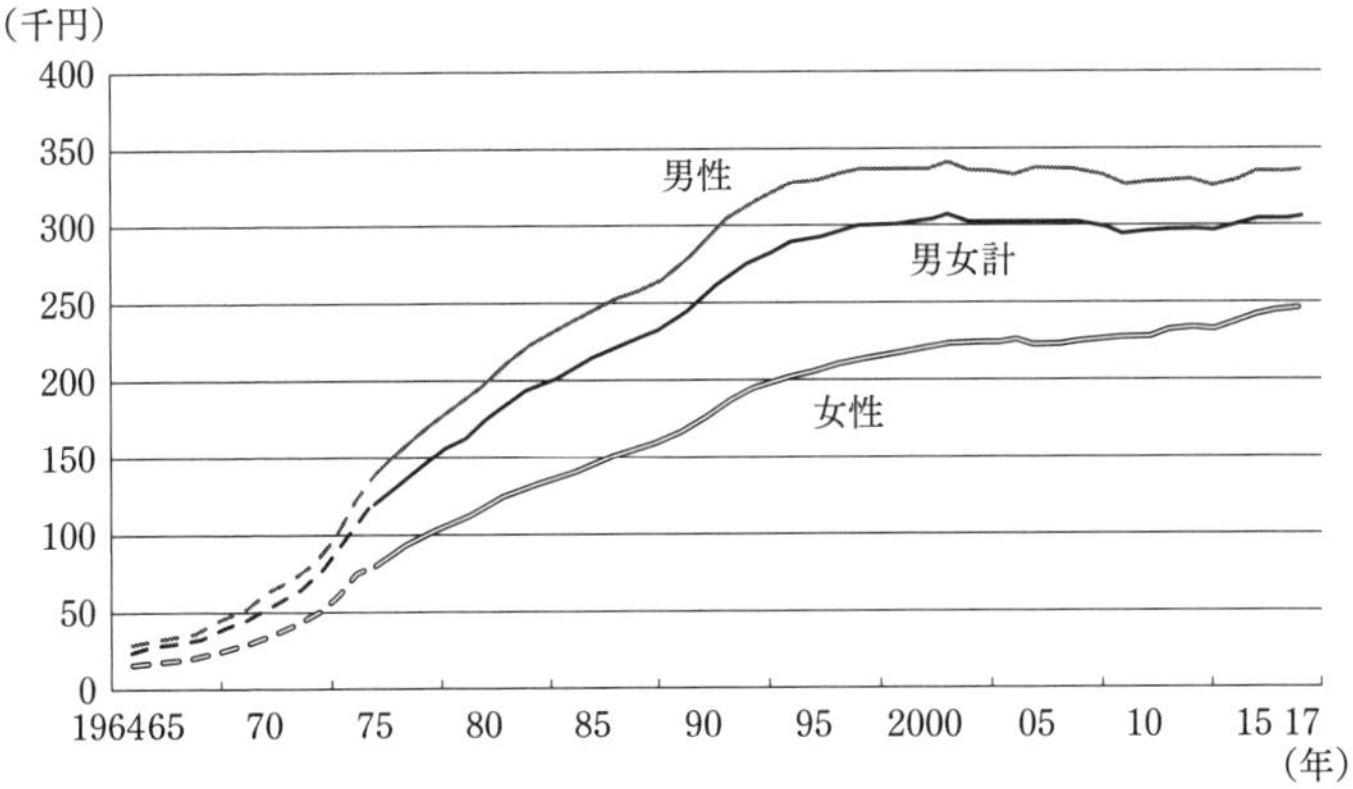

図6　男女別に見る賃金上昇率の変化
（出典：労働政策研究・研修機構「早わかり　グラフで見る長期労働統計」〔https://www.jil.go.jp/kokunai/statistics/timeseries/html/g0406.html〕［2019年2月4日アクセス］）
（注1）産業計、企業規模計、学歴計の所定内給与額。
（注2）1975年以前は民営と国・公営の事業所の集計、76年以降は民営事業所の集計。75年は、時系列比較用の試算値（1976年と同じ調査対象で特別集計されたもの）が計算されている。図では、75年の公表値に加えてこの試算値を76年の値と接続して掲載した。
（注3）1972年以前はサービス業を除く産業計。

資の回収率の男女差になってここに反映していると思われる。

　他方、図6で時間あたりの賃金の変化を見ると、二十一世紀に入ってからは男性の賃金は伸び悩み、女性の賃金は若干増加傾向にある。アメリカでも一九八〇年代に見られたように、男性の賃金が伸びなくなったために女性の労働参加が進み、共働き社会が形成されていることがわかる。

出生率の変化

　一人の女性が生涯に産む子どもの推定人数を表す合計特殊出生率は、一九八五年の一・七六から二〇〇六年には過去最低の一・二六にまで減少したが、一五年には一・四五にま

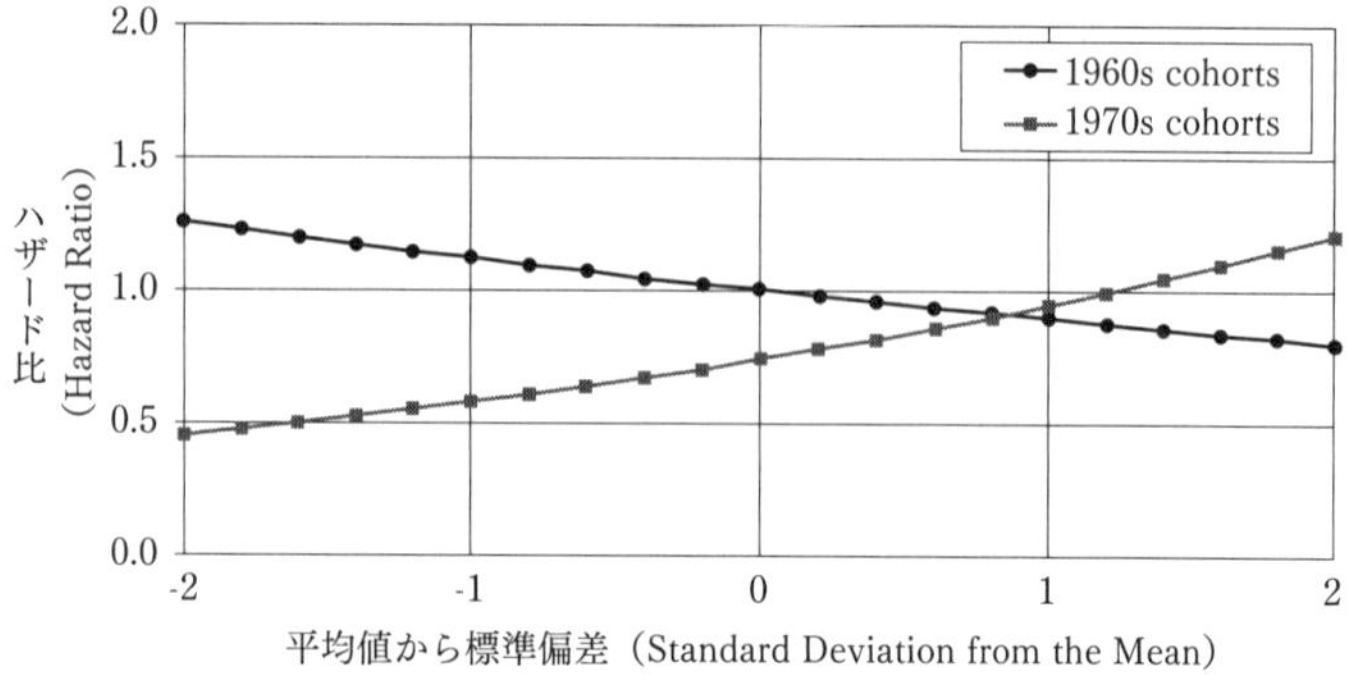

図7　女性の稼得力と結婚確率――1960年代生まれと70年代生まれの比較
（出　典：Setsuya Fukuda, “The Changing Role of Women's Earnings in Marriage Formation in Japan,” *The Annals of the American Academy of political and Social Science*, 646〔1〕, 2013.）

で回復したのち、一七年には一・四三と減少している。〇六年以降の回復は晩婚化によって出産のタイミングを遅らせた団塊ジュニア世代の出産が増えたことによるもので、一人の女性が産む子ども数そのものが増加したわけではなく、長期的に出生率は低い水準にとどまると見られている。

日本では女性の社会進出が離婚率の上昇や出生率の低下につながるとして、財界を中心に女性の活躍推進を進めることに対して消極的な意見が多い。しかし、最近では、そのような議論は必ずしも当てはまらなくなっている。

これまで、日本の出生率の低下は高学歴女性の結婚確率の低下によって起きていると考えられていた。たしかに、一九六〇年代に生まれた均等法世代の女性ではそのような傾向が見られる。しかし、セツヤ・フクダは、七〇年代に生まれた就職氷河期世代では、女性の学歴と出生率の関係が反転していて、高学歴の女性のほうが出生率が高いことを実証している。[7] 特に稼ぐ力がある女性の結婚確率が高くなっていて、男性の所得の伸びが鈍化しているなかで、結婚相手として稼得能力が高い女性の結婚確率が高くなっている（図７）。とはいうものの、この世代（就職氷河期世代）の婚姻率そのものは上昇していない。

以上見てきたように、日本でも男女間の賃金格差は縮小し、女性の社会進出が進み、出生率も若干の回復が見られる。また、出生率では、稼得能力が高い女性の結婚確率が高くなり、共働き社会が出現している。つまり、欧米の社会で価値転換をもたらしたのと同じような経済の構造変化が訪れているということである。しかし、その変化は、性差を温存し、男女間の性別役割分業を維持しながら進展している。そのために、国際比較をすると先進国のなかでは最も格差が大きな国として位置づけられるのである。また、私たちも変化に気づきにくい。しかし、それに気づかないと落とし穴にはまってしまう危険がある。最近、女性からのセクハラ告発が増えている。それは労働市場の変化によって個人としての女性の機会が拡大していることと無縁ではない。また、性被害を避けるための男女の対等なコミュニケーションの方法が確立されていないことも一因なのではないかと思われる。

それに加えて、入試制度や組織の処遇も性差を反映したものになっている。それが、日本での静かな革命を静かすぎるものにしているのである。必然的に、管理職の女性比率も低い水準にとどまっている。

3　静かな革命の静かすぎる理由

女性に対する差別が生じる理由の一つとして、統計的差異化（社会心理学）といわれる現象があることを第3章で指摘している。労働経済学ではそれを統計的差別と呼んでいる。性差だけでなく個人の違いも大きいが、それを知るためには情報収集のコストがかかりすぎるという理由で、統計などのデータを用いて、その平均値から集団のなかの個人を判断するために生じる差別を表現した学術用語である。これによって社会的な通念が固定化してしまうことを予言の自己成就という。

この具体的な例として最近社会問題になっているのが、医学部の入学試験での女性受験者差別である。

大学入学試験の差別

ＯＥＣＤ（経済協力開発機構）諸国の女性医師率をみると、日本は最下位で約二一％と低い。近年では、入学試験で女性の得点に一定割合の係数をかけて一律に減点して女性の入学者数を抑えていた東京医科大学の不正操作が発覚し、社会をにぎわせている。大学側によると、操作の理由は、「女性は結婚や出産で長時間勤務ができない。年が高いと医師になった後、病院に残らず独立する」(8)からだという。つまり、女性が結婚し出産して育児することになると長時間勤務ができない、というのがその理由である。

これに対して、そうであれば、仕事と子育てとの両立ができる環境を整えることが先決だという意見や、出産や子育てで離職する人もいれば両立している人もいるので、女性は辞めやすいと大学が決め付けて女性の機会を奪うことはしてはならないといった反論がなされている。また、能力には男女差がないにもかかわらず、多くの医学部で女性の入学者の割合は男性よりも明らかに低いことから、なんらかの操作がおこなわれていた可能性がある。そのなかの一つ順天堂大学では、女性のほうがコミュニケーション能力が高いので、面接での女性のスコアを一律に下げる調整をおこなったという説明をしている[9]。

統計的差別と予言の自己成就

「女性は結婚や出産で辞めやすい」「女性は長時間労働ができないので管理職になれない」。これは、労働経済学では統計的差別と呼ばれる女性差別であることはすでに述べた。日本の大企業では、新卒で採用してから配属先を決め、それぞれの社員を教育して一人前にするコストは企業側が負担するので、長期勤続が見込めないと考えられる女性労働者は最初から別のコースに分類されて、昇格や昇進の機会が制限されていた。日本ではこれを経済合理的な差別と考える傾向があった。

しかし、最近では、このような企業の差別を経済合理的とする根拠は弱まりつつある。たしかに、日本の女性の離職率は高い。二〇一一年のアメリカのシンクタンクがおこなった高学歴女性を対象とした調査によると、日本の女性の離職確率は七四％、これに対してアメリカでは三一％、ドイツ

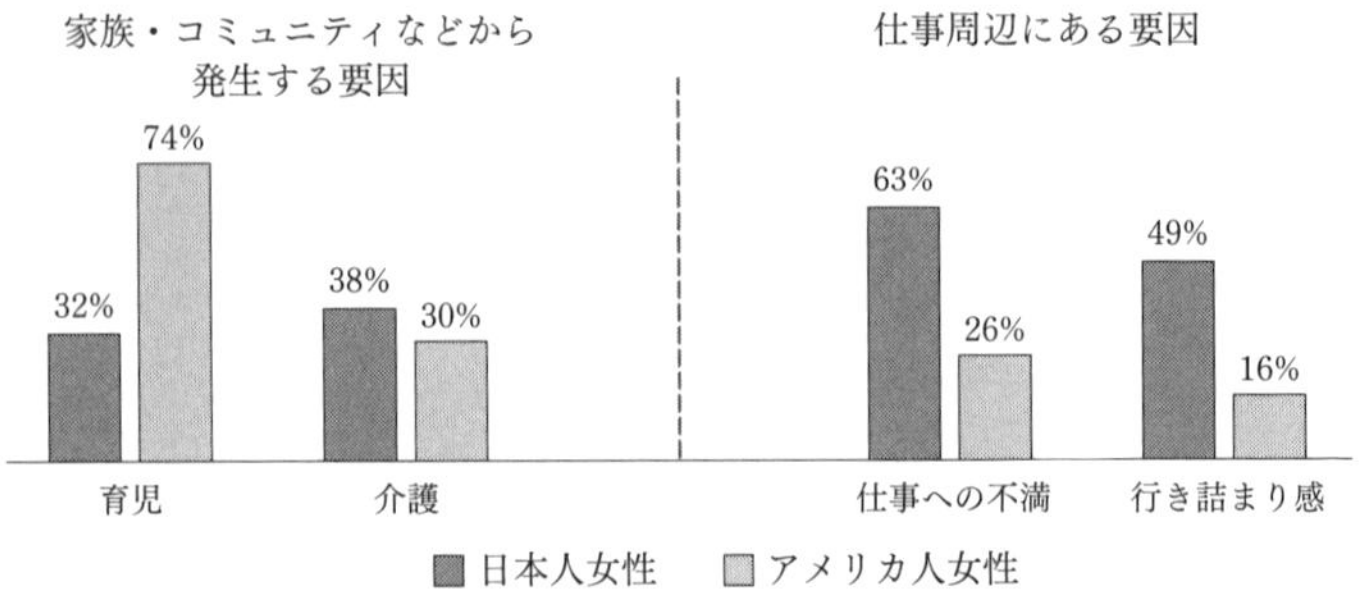

図8　大卒女性が仕事を辞める理由
（出典：Sylvia Ann Hewlett and Laura Sherbin, *Off-ramps and on-ramps Japan: keeping talented women on the road to success*, Center for Work-Life Policy, 2011.）

では三五%であり、日本の高学歴女性の離職率は高い。

しかし、その理由は予想と異なる。図8は、大卒女性が仕事を辞める理由を日本とアメリカで比較したものである。アメリカでは育児や介護など、女性側の理由が主なものであるのに対して、日本では仕事への不満や行き詰まり感が主な理由になっている[10]。

また、初職の離職理由を出生年別に見ると、ポストバブルの就職氷河期世代では、仕事にやりがいが感じられないといった理由やキャリアの展望が見られないといった理由で、能力の高い女性が離職していることがわかった[11]。つまり、女性は離職するという思い込みで統計的差別をした結果、その予言が自己成就してしまっているのである[12]。

しかし、すでに見たように、M字カーブが次第に台形に近づいている。また、すべての女性が出産で辞めるわけではない。女性のなかにもキャリア意識が高い女性もいれば、子育てを優先させたい女性もいる。女性のなかの個人差が年々拡大しているとともに、傾向としては両立を理想とする女性が増えている。

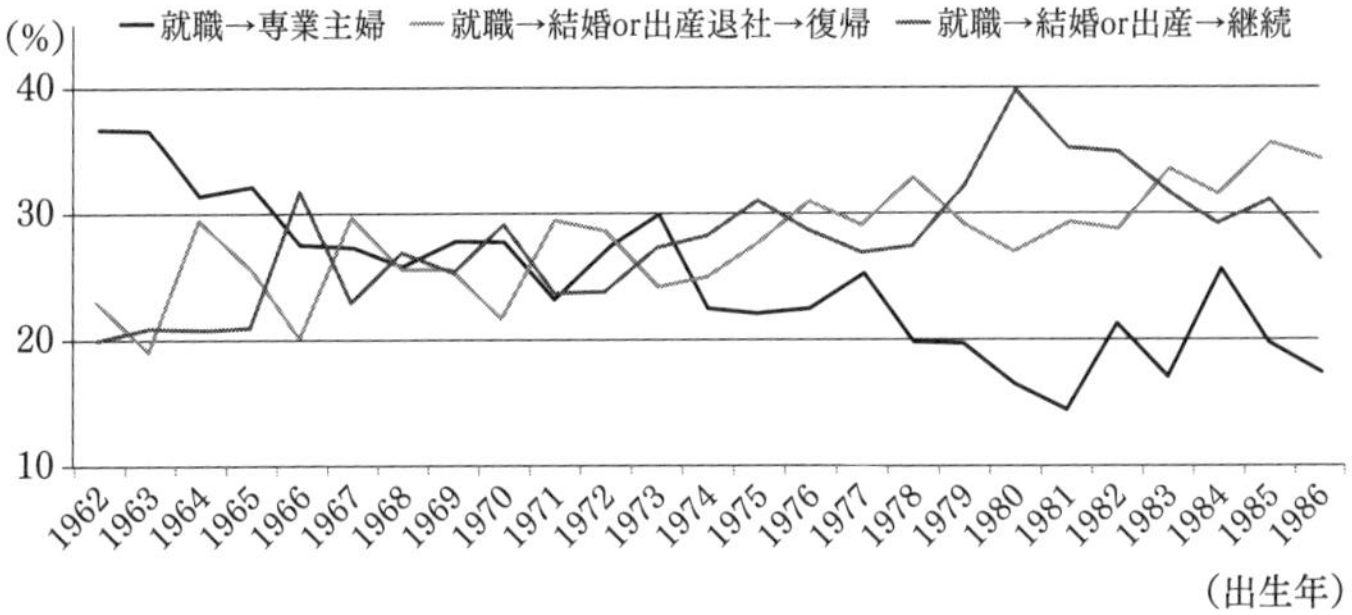

図9　出生年別に見た学卒時の高学歴女性の働き方の理想
（出典：大沢真知子『女性はなぜ活躍できないのか』東洋経済新報社、2015年、図1—6）

それを示したのが図9である。この図は学卒時の理想とする働き方とその変化を出生年別に見たものである。理想とする働き方を、①就職し、結婚や出産で退職してその後専業主婦として家庭に入る、②就職して結婚や出産で退社し、その後家庭に入るが再就職する、③就職して結婚や出産後も仕事を継続する、の三つに分けて、出生年別に見ると、若い世代になるほど継続就業や再就職を理想とする女性の割合が増えていることがわかる。

つまり、すべての女性が出産で仕事を辞めるわけではない。また、女性のなかでの意識の違いも大きくなっている。

また、出産後長時間労働をできないことが入学試験での女性差別につながっているというが、長時間労働そのものが医療現場でのミスにつながったり、医師の健康をむしばんでいる。また、医師の過労死も増加している。女性医師が増加することをきっかけに働き方を見直すことで、男女ともに働きやすい職場環境を整えることこそ、いまなすべきことなのである。

加えて、日本の人口構造は大きく変化している。二〇〇四年をピークに人口は減少に転じている。さらに、現役世代である十五歳から六十四歳人口は一九九五年をピークに減少に転じている。女性や外国人など、多様な人材をうまく活用できなければ日本の企業は競争に生き残れない。ダイバーシティ経営の本格的な導入が不可欠な時代がきているのだ。

これまでの日本のダイバーシティ経営は、男性を中心とする中核労働者とその雇用を守るための雇用の調整役としての非正規労働者との二つの労働者の組み合わせによっておこなわれていた。すべての労働者が組織の一員として公正に処遇されていたわけではなく、辞令一つで転勤ができる労働者とそうでない労働者、あるいは、会社の都合に合わせて働くことができる労働者と家庭（生活）優先の働き方ができる労働者というように、組織のためにどれだけ個人の生活を犠牲にできるかが処遇にも反映されてきた。

しかし、人口構造が大きく変化し、夫婦が仕事と家庭の両方をともに担う時代になって、この人事管理制度の合理性が問われている。能力の分布には男女差よりも個人差が大きい。このことは、第1章や第3章で指摘しているように、リーダーの適性には性差よりも個人差が大きいというメタ分析の研究結果からも実証されている。女性への差別は人材浪費をもたらし、日本経済の発展を阻害する。

その問題を克服するために注目されているのが、ダイバーシティ&インクルージョンという経営手法である。これは、一九九〇年代にアメリカが発祥の地となって生まれた経営手法で、日本のように労働者を企業の命令に従って拘束的に働けるかどうかで従業員を分けるのではなく、従業員のニーズに合わせた働き方を職場が提供することで、すべての人が同じ職場でチームの一員として成果を出すことを目標とする新しい経営方法である。これはまた、ジェンダー格差の解消だけでなく、同じジェンダーのなかで個人の違いを経営にプラスに生かすための試みでもある。

その導入は日本の雇用システムに風穴を開け、新しい風を吹き込むことができるのだろうか。女性活躍を進め、業績を向上させることに成功した製菓会社カルビーのシニアマネジャーである松本晃氏に聞いた。

4　ダイバーシティ＆インクルージョン経営

女性活躍を進めるのが難しい本当の理由

Ｑ：会長は、女性活躍を進めるのは難しく時間がかかるとおっしゃっていますが、どうしてですか。

松本：それは当たり前のことで、誰かが損をするからです。ダイバーシティっていうのは、既得権を奪うというプロセスがどうしても必要ですから、既得権をもっている人は反対するに決まっているわけです。それが最大の理由ですね。

二つ目の理由は、異物が入るとやっぱり愉快じゃないんですね。例えば男十人のなかに女性が一人入る。実はこの逆も不愉快なんですね。女性十人のなかに男性が一人入っても同じことです。だから、ダイバーシティっていうのはそんな簡単じゃないということです。

Ｑ：そういうことを理解されながら進めた理由は？

松本：会社の経営とか組織の経営をやろうと思うと、それをやらないと生き残れないからです。昔は日本人ばかりで、男ばかりで仲良くやっていたらうまくいってたわけです。

ところが、時代が変わって、特に一九九〇年ごろを境にして、世界は垣根がなくなった。厳しい競争時代になったらこれじゃ勝てないわけです。したがって、男とか女とか、外国人とか日本人とか、年齢とかどこの学校出たとか、そんなことを言っている時代じゃなくなった。だから、世界中どこも一生懸命競っているわけですね。

Q：企業戦略として女性を活用するというメリットは？

松本：メリットもデメリットも、要するに半分いる人たちを使わなかったら勝てないに決まっているわけです。

Q：よく女性の感性とか言われますが……。

松本：そんなもん、大して変わらないわけです。そりゃいくらかは違いますけど、男性は感性がないかっていうとそんなことはないですよ。

要するに活躍する人を採用して、活躍するように環境と制度を作るしか手がないということです。カルビーでは半分近くが女性です。女性を使わなかったらやっていけません。べつに「女性だけ」って言ってるわけじゃないです。ダイバーシティっていうのは多様性っていう意味ですから、外国人も大事だし、身体の一部に障害がある人も大事。しかし、日本で最も使われてないのが女性なんですよ。

Q：よくわかります。

松本：それなのに女性をきちんと使っていないのであれば、勝てないですよ。日本がますます沈んでいくわけです。こんなはっきりしたことをやらない手はないですよね。世界中の政治家のトップを女性がやっている国が現在は多いわけです。政治は女性に向いてます。女性がやってるほうがうまくいくような気がしますけどね。ところが、日本にはそういう雰囲気はまだまだないわけです。

Q：ダイバーシティの重要性に気づかれたのはいつからですか？

松本：ジョンソン・エンド・ジョンソンにいたときです。ジョンソンは、（ダイバーシティ＆インクルージョンを）昔からやっていましたけど、日本はまったくやってなかった。私は二〇〇一年までそのことの重要性に気がつかなかった。気がついたら、やるしかないですよね。

トップのやる気がないとできない

Q：（導入するにあたって）障壁はないんでしょうか。

松本：それはないのだけど、やっぱりトップがその気にならないとできない。組織のトップというのは、べつにダイバーシティだけやっているわけじゃない。いろんなことやらないといけないから、ついついダイバーシティが後回しになっちゃうんですね。これをどこまで優先順位の高いところにもっていくかが大事です。一般的には、会社の社長にとっていちばん大事なのが会社の経営なんです。その次ぐらいにダイバーシティをもってこないかぎりは、なかなか進みません。

Q：意識的に上にもってくるということですね？

松本：そうそう。そうしないと、抵抗勢力がいるわけですからうまくいかないのです。

Q：それを崩すのは？
松本：奪わないとダメです。嫌われようが何をしようが奪わないと、会社の経営はよくならないです。ダイバーシティは、力ずくで既得権を奪わないと、（既得権者は）そう簡単には既得権益を手放してはくれません。
Q：わかりました。で、同時に女性が活躍する環境を整えるというのは、具体的にはどのような施策が重要だと思われますか？
松本：どんどん権限や責任を与える。報酬や待遇をよくする。女性も男性も一緒です。ただ、女性は身分とか権限には男性ほど関心がないから、ちゃんと払うものを払えば活躍します。基本的には男も女も一緒なんです。ところが、歴史的に男は権限とか身分とかが好きだったのですね。したがって少しぐらいお金を犠牲にしても、権限や地位を取りたがる。女性はもう少し現実主義者ですから、ちゃんと払うもの払ったら喜んでやります。
Q：それ以外はもうそんなに違いがない。
松本：ないです。だから、もともと違わないということを大前提にやっていたら間違いないです。
Q：リーダーになるのは、それなりの経験を積んでいることが重要なので、国籍や性別には関係ないんだっていうことですね。
松本：だから原点は何かというと、この競争社会で生きていかないと会社なんてつぶれちゃうってことなんです。いまから二十年前に、あるいは三十年前にね、「Facebook」も「Amazon」も「Google」もありませんでした。もちろん「Apple」はあったけれど、いまとはまったく違う小さな会社でした。世界はほんとに競争社会になっちゃったわけです。

Q：そこで勝ち抜くのがダイバーシティ経営というわけですか。

松本：やらないと勝てない。生き残れません。日本は三十年、成長していない。少子化で人口は増えない、なおかつ可処分所得が増えない国なので、消費が増えっこない。そうすると、会社が成長しようと思えば、外にいくしか手がないんですよ。いま国内では女性登用をとにかく最優先にしてやっていますが、そう遠からず、日本人だけではやっていけなくなる。

Q：次は外国人ということですか？

松本：というか、あらゆる分野でのダイバーシティが必要で、例えば高校卒だろうが大学を卒業しようが、ノンプロから入ろうが、過去何をやってきたかということは大した問題じゃない。

Q：そういうふうにダイバーシティをトップダウンでやってきて、具体的には何かこの施策が非常に重要だったとか、ありますか。

松本：どんどん登用しただけですよ。それも上からやらないとだめです。要するに、下のほうの管理職だけ増やしてもだめ。どんどん上を増やせと。社長とか会長を女性にするのがいちばんいいと思います。それともう一つは、女性をたくさん登用しないとだめです。一気に増やしていかないと。スピード感が必要です。

数を増やすことも必要

Q：人数も必要。

松本：そうそう。そうじゃないと、結局、女王蜂を作っちゃうんです。私だけが偉いのよ、ほかの人は（私のように）ならなくてもいいのよ、と。外から採ってくるのもよし。下の人をどーんと上げてもよし。階段なんて三段階ぐらいいっぺんに上げたってべつにかまわないのだから。そうしないと、結局少数で上にあがった人が女王蜂になってしまう可能性が高い。ただ、大学の教授なんかでも、どーんと半分ぐらい女性にしてしまったら、そりゃ変わりますよ。

Q：私も女性の教員が増えた時期にアメリカの大学で教壇に立ちましたが、一人ひとりが機会をつかもうとほんとうに一生懸命やっていて熱気がありました。同じことが日本の組織でも起きると、すごい力になるのだろうなと思います。

松本：そうです。だから、お互いに社内で競争しないとだめなんですよ。競争がない組織は成長しません。だから登用したら、女性でもだめだったら降格します。当たり前のことです。要するに昇格もあれば降格もある。降格されて腐って辞めるんだったら勝手に辞めたらいい。しかし、腐らずにまた上がってこいと。

Q：またチャンスを得て、成長して大きくなるということを繰り返していくということですね。

松本：そういう仕組みにしておかないとだめなんです。日本の多くの組織は、上がるだけで下がるのはないじゃないですか。そうして上ばっかり増えると、会社なんてうまくいかないのは当たり前です。

仕組みを変える

Q：仕組みを変えるっていうのは非常に重要だと思うのですが、会長はどのようにして、日本的な会社を変えていかれたんですか？　年齢ではなく競争によって成果を出した人をどんどん上げていき、よくやった人にはどんどん報いるような賃金制度にトップダウンで変えられたんですか？

松本：（変えていったというのは）そういうことなんだけど。会社はまさに定員制なんですよ。ところが、定員制を意識せずにただやたらとどんどん人を増やし管理職を増やすからうまくいかなくなる。一九九〇年ごろ、あの東西冷戦が終わるまで日本は護送船団方式（過度の競争を避けて、金融機関全体の存続と利益を実質的に保障すること）をやって金融機関を守り、企業を守っていたわけです。それがいまやなくなってすべてが競争になったわけです。また、どんどんフェアになっていくという大きな流れがあります。そのなかで生きていこうと思ったら、組織がやらないといけないことがある。その一つがダイバーシティで、もう一つが働き方改革だと私は思います。

働き方改革の必要性

Q：その働き方改革について、残業をずいぶん減らされたとお聞きしていますが。

松本：残業を減らしたとか、そんなことじゃないんですよ。会社人生で仕事ばっかりやっていたって何もいいことない。そのうちに人生なんて終わってしまいます。

Q：どう生きるかっていうことなんですか。

松本：そうです。そのほうが実はいい仕事ができます。だから一粒で二度おいしい一日を送ることが重要なんです。そういう人生を送ったほうがみなさんにとっていいですよということなんですよ。

少なくとも残業を減らせって言ってるのは、残業手当を減らすためじゃない。ところが実は問題は、残業手当という制度そのものが大問題で、例えば五十時間残業しました、一時間三千円だったら十五万円です。十五万円、来月からなくなったら困るじゃないですか。

Q：困ります。

松本：だから、「払うけれど、残業はやめろ」というのがいちばんいいんです。

Q：つまり手当じゃない形で払うから、残業はしないで、もっと効率よく働いて楽しく生きようという感じですか。

松本：ところが、日本の働き方改革でいちばんの問題は実はその残業だし、残業手当なんですね。というのは、「残業を減らせ」と言ってる一部の経営者は、動機が不純なんです。要するに、残業を減らさせたら会社はその分だけお金を払わなくてもいいから利益が増えるという、こういうけちなことを言っているから、うまくいかない。実は経営者にとって、給料を増やすということはいちばん楽しいことだと僕は思っているわけです。いちばん面白いことは何かというと、社員を豊かにすることですよ。だから、お客さんに喜んでいただいて、その次は社員に喜んでもらう。社員に給料たくさん払ったら、社員も喜ぶけど家族がもっと喜びます。

Q：人件費の削減ではない、と。むしろ利益を上げる。

松本：どんどん人を増やすことはせずに、一人あたりの取り分をどんどん増やしたほうがいいんですよ。

Q：生産性を上げて効率よく働くっていうことですね。その分が給与に入ってくれれば、みんなそういうふうに働くようになる。

松本：生産性を上げるというのは、実に簡単なんです。たくさん働かせないことなんです。べつに自分で考えて仕事をすればいい。家から一時間半もかけて職場に来る必要なんてないんです。

Q：私も在宅勤務が広がったらいいと思うんですが、広がらないのはなぜなんでしょう。

松本：それは、上の人たちの頭が変わってないからですね。在宅勤務を始めたときに、管理職の連中が私になんて言ったかというと、「松本さん、あいつら（女性社員たち）サボるよ」って言った。自分の女性部下のことが信用できない。僕はどう答えたかというと、「あんたは会社へ来てサボっているよ」と。会社へ来てサボろうが家でサボろうが、そんなのは僕にとってはいっしょです。

Q：すごい。

松本：一日の就業時間を仮に八時間としましょう。就業時間そのものがおかしいけど。八時間とする、その八時間、ほんとに集中して仕事なんてできない。ありえない。

Q：どうせサボるんだったら、家のほうがずっとリラックスできますもんね。

松本：そうそう。それに特に家庭をもってる人なんか、子どもが熱を出したら保育園も預かってくれない。お母さんやお父さん、朝、医院に連れていって帰ってきて、家で仕事したらそれでいいじゃない。

Q：ほんとに。

松本：会社が求めてるのは時間じゃないよ、成果だよ、と。それをどのような形でどうやって出すかは、みなさん、自分で考えてやってくれ、と。

Q：目標設定とか評価とかっていうのは、目に見える形でおこなわれるのですか？

松本：成果っていうのは、上司との契約なんです。カルビーの場合は毎期始まる前に、自分の上司と、今年一年間にどんな成果を出すかを契約書にします。簡単ですよ、そんな複雑怪奇じゃないです。一番は利益。二番は売り上げ。三から五番は社員がやっている仕事に応じて個々に違う。契約書には基本的に、利益に対して六〇％の比重、売り上げに対して二〇―三〇％の比重という旨を記載しています。残り一〇―二〇％はそれぞれの個人個人で異なります、すべて数字でやってくださいという趣旨も書いています。数字でやらないと結局はどうなるかというと、好き嫌いになるんです。

Q：わかりました。評価にはどうしても主観的なものが入ってしまうから、それを数字にすることで主観を排除するということですね。

松本：数字にして、その契約どおり、それに従って評価しなさい、ということです。全社員、一人ひとりが契約書を持ってるはずです。役職者以上は全部イントラでそれを見ることができます。

人事評価はなるべくシンプルに

Q：その数字で評価されて、それが給与に反映されていく？　それが成果を上げていらっしゃる理由かと思いますが、鍵はなんですか？

松本：鍵、それはまずシンプル。そしてデジタル、数字、契約。人間には必ず、好き嫌いがあります。でも、それと評価はまったく別物。好き嫌いを評価からいかに排除し、より公平、より公正なものにするとなると、それしか手がない。完全なものはない。だから、人事評価も私の場合は実に簡単。

Q：シンプルに評価して、そのなかで女性も男性も成果をあげた人を上にあげていき、そうやった結果が利益につながったということでしょうか。

松本：そうですね。そうだと思います。

Q：よくわかりました。女性活躍を進めるためのことの本質をうかがったような気がしました。本日はお忙しいなか、本当にありがとうございました。

なぜ管理職の女性比率は低いのか。松本氏の話を聞くと、その理由がよくわかる。男性がもつ既得権をなくし、男性にも女性にも平等に活躍の場が与えられること。そして、公平な評価制度があり、成果が直接報酬に反映されること。さらには、働く場所に制約がなく、個人の裁量で仕事ができること。会社のトップが先頭に立ってこのような環境を社員に提供すれば、管理職の女性は増えるということなのだろう。

5　女性にも必要な意識改革

女性管理職を増やしていくためには、人事管理制度の改革や働き方改革が必要であることはいうまでもない。しかし、それだけで問題が解決されるわけではない。社会全体で性別役割分業の意識を見直すことが不可欠になっている。

本書のほかの章ですでに論じているように、女性が管理職になりたがらない理由の一つには、リーダーが男性のイメージで捉えられていることや、性別役割分業を前提とした家父長的な価値観に基づく社会規範が根強いこととともに、女性が否定的なステレオタイプとみられることを恐れて管理職をめざさないといった要因がある。その結果、管理職の女性比率は低くなる。

本間道子は、管理職にジェンダーギャップが生じる要因を社会要因、個人内要因、組織要因という三つに分類している図10で示している[13]。この三つの要因が相互に関連しあって、管理職のジェンダーギャップ（男女差）がもたらされることになる。

組織要因には、評価・査定の公平性、機会、さらには、制度とその実際の活用などが含まれている。個人内要因は、女性の仕事への動機やキャリア意識、リーダーシップ志向性、仕事と家庭の両立が可能な環境などが含まれる。また、社会的要因とは、前述の性別役割分業が前提となった社会規範を指す。

これらの要因が相互に関連して管理職でのジェンダー格差を生み出しているのである。

この統合的モデルが特に重要なのは、社会規範が個人だけでなく、組織でもジェンダーギャップをもたらす大きな要因であることを明示しているからである。

性別役割分業意識が変わらないと、それは好意的性差別（benevolent sexism）をもたらし、仕事の評価で女性が不利になり、組織の昇進や昇格でも女性に平等な機会が与えられない。また、好意

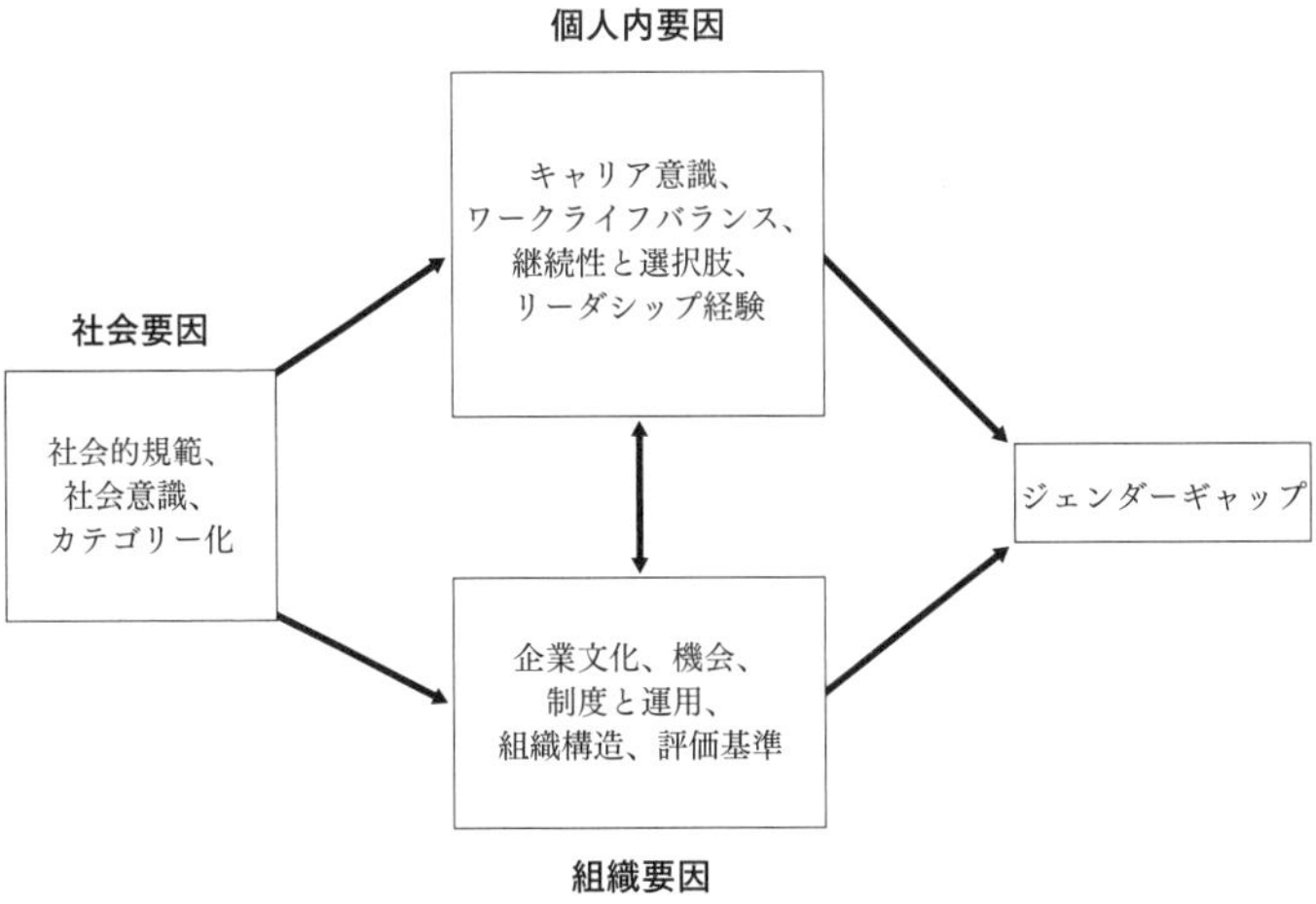

図10　管理職に見られるジェンダーギャップの統合的モデル
（出典：本間道子「我が国におけるリーダーシップの現状と社会心理学的背景」、日本女子大学現代女性キャリア研究所編「日本女子大学現代女性キャリア研究所紀要」第2号、日本女子大学現代女性キャリア研究所、2010年、60ページ）

的性差別が高じるとセクハラへと発展する可能性もある。好意的性差別の脅威については第1章や第3章で論じている。

また、酒井順子は、日本でその環境に対応するためには、女性が一歩引いたほうが生きやすく、その結果日本には男尊女子を自ら引き受ける女性が多いという[14]。

他方、一九八七年に施行された男女雇用機会均等法は十年ごとに見直され、女性の高学歴化とともに女性の雇用機会を拡大してきた。その結果、女性が活躍する機会も開かれてきている。

また、世界に目を転じると、#MeToo運動が広がっていることからわかるように、声を上げる女性たちが増えている。この運動はまだ日本では大きな力とはなっていないが、無視できないものになってきている。上下関係を利用したセクハラ被害を受けたと訴える女性社員が実名で告発するケースがここにきて増えている。さらに、勇気をもって声を上げた女性を支援する #WeToo 運動も日本で誕生し、声を上げた女性たちを孤立させない運動が展開されている。水面下で女性の意識も変化しているのだろうか。

職場のセクハラ被害の実態

二〇一八年の連合の調査によると、四二％の女性がセクハラを経験したかあるいは目撃したと回答している[15]。ところが、日本経済新聞社が女性千人に聞いたセクハラに関する調査によると、六〇％を超える女性が「我慢した」と回答している[16]。また、この調査によると、一九九九年に改正された男女雇用機会均等法ではセクハラの配慮義務が課され、二〇〇七年改正ではセクハラ対策は措置義務になったにもかかわらず、セクハラ防止に関する社内規定がある企業は二八・四％にすぎず、相談窓口がある企業は四社に一社。研修をおこなっているところは一四・八％と低い数字になっている。加えて、相談して改善・解消された案件は一七・六％にとどまっている。

さらに、セクハラへの関心は高まっているものの、四分の三の企業はセクハラ防止のための対応をしておらず、また、今後もその予定はないという。企業の対応が大きく遅れているだけでなく、それに対する危機感がないことが浮き彫りになっている。

セクハラ対策が難しいのは、加害者の多くが自身が加害者であることに気づいていないことである。「自分は何もやっていないのに加害者に仕立て上げられた」。これはハニートラップ（女性が色仕掛けで相手を利用すること）で、自分は罠を仕掛けられた被害者だという反応が多い。

なぜ加害者が気づきにくいのか。背後に前述の好意的性差別の構造があり、それがパターナリズム（父権的温情主義）と呼ばれる、上の立場の者が弱い立場にある者を守るという名目で下の者に干渉し、自身の優位性を保つことが許されてきた日本社会の意識構造がある。

セクハラ対策とは、上司がこの上下関係に意識的になり、相手の主権を尊重し、自分の立場を利用して、相手に過度に干渉したり、相手が不快に感じたりすることをしないということにつきる。

パターナリズムが問題なのは、セクハラ以前に、それが性差別につながり、女性社員に自信を失わせ、昇格や昇進から排除されやすい構造を生み出すからで、これについてはすでに第1章と3章でその問題点を指摘している。

私たちはこのような問題にどう対応したらいいのだろうか。フェミニストカウンセラーとして性暴力の被害者の相談に乗りカウンセリングをしているウィメンズカウンセリング京都代表の井上摩耶子さんに、その背景について聞いた。

セクハラとは何か

井上：私は、セクハラは女性差別の一形態であり、女性の健康と安全に関わる人権の侵害だと思っています。特にセクハラは立場を利用した性暴力であって、雇用関係にある上司から部下に対して、学校や大学で教師から生徒や学生に対して、男性教授から女性准教授に対してのセクハラも結構あります。それと、スポーツの分野ではコーチによるセクハラもありますね。これらの性暴力は、友達同士とか親からの暴力とは違います。セクハラは上下関係を使った不快な性的言動、性暴力です。

内容としては強姦もあるし、強制わいせつもあるし、性的な言葉の暴力もあります。それからもう一つ、壁に張ってあるのを見るだけでも不快なポスターの展示なども環境型セクハラです。

Q：平等な関係じゃなくて、上下関係があるなかで起きるということですね。

井上：被害者側が「不快な性暴力だ」と思ったら、加害者側が単なる冗談のつもりだったとしても、それはセクハラなのです。日本だと宴会でお酒をみんなで飲んだあと、男の人がパッと女性の手を触ったりするのですが、「触っていいですか？」と断りもなしにやるのはセクハラです。日本では、お酒を飲んだうえでならそういうことが許されると思われているきらいがありますけれどね。

大藪順子さんという写真家が、アメリカで性暴力被害に遭い、『STAND』[17]という本を書いておられるのですが、こんな話をされました。アメリカでは幼稚園時代から、特に女の子のプライベートゾーンについては、「勝手に触られてはいけない大切なところだ」と教えているんだそうです。男の子に触られそうになったときには、「ノーと言いなさい」「いやって言いなさい」と女の子に教えるのです。そして、男の子には彼女は「あなたの存在自体がいやだって言ってるんじゃないよ」「いま触られるのがいやだって言ってるの」と説明し、「身体的尊厳」(physical integrity) についての教育をするそうですが、日本ではそういう教育がない。

Q：学校でやらないですか？

井上：全然やらない。性教育や性暴力防止教育が全然されていません。いま私たちのフェミニストカウンセリンググループが性暴力被害者相談支援センター・京都ＳＡＲＡの運営を委託されているのですが、若い女子学生の被害がとても多いのです。性教育を受けていないので、「ノー！」と言えない。そのワンストップセンターの運営には教育委員会も関わっているので、性教育の必要性を問題提起しても、「性教育は寝た子を起こす」ことにつながるということになってしまう。若者たちが被害者にも加害者にもならないようにする性暴力防止教育もない。そこが問題です。

結局、セクハラは、女性差別の問題だと私は思っていますが、そういう認識が男性に全然ない。だから、セクハラの意味もまったくわかっていないので、この間の伊藤詩織さんの事件や福田淳一・元財務事務次官の性犯罪・セクハラ事件が起きる。また男性加害者だけでなく、その周りにいる男性も「セクハラは女性差別であり、女性への人権侵害だ」とは認識していないので、男性として当たり前の行動をしただけだと思い込んでいる。

家父長制社会ではむずかしい対等なコミュニケーション

Q：なぜ加害者は気がつかないのでしょうか。

井上：日本の社会は平等な社会じゃなくて、上下関係がある縦型の社会、家父長制的社会であり、結局、そこでは男性と女性との対等なコミュニケーションが成立しないからです。

Q：それって、すべてに通じていませんか？　例えばダイバーシティマネジメント、多様性を重んじるためには、対等なコミュニケーションができないと成り立ちません。そのためのコミュニケーションスキルを獲得するところから始めなければなりません。

井上：日本はジェンダー役割意識がすごく強く、「男は外で仕事、女は家で家事・育児・介護」という性別役割分業を果たしてきたので、その結果、仕事しかできない男性よりも女性のほうがずっとコミュニケーション能力が高いですね。
Q：そうですね。
井上：男性は相手の気持ちを読んだコミュニケーションができないケースが多い。だから、例えば性暴力裁判でも、性行為に対する相互の「同意」があったかどうかが問題になるのだけれど、ほとんどの場合、二人の性行為についてなんの話し合いもしていないのですよ。また、相手が「顔見知り」の場合には、男性から意に反した性行為を仕掛けられた場合、女性は「え？」と固まってしまって逃げることもできない。そうすると裁判でも、「逃げなかったのは、きみもよかったからだろう？」「それは同意があったからだろう」ということになってしまう。「このセクシュアル・コミュニケーションが大切だ」という教育を受けていないので、話し合い「同意」のうえでセックスをするべきだということを日本人は知らない。
Q：アメリカの研究者が日本に来て驚いたのは、高校生の援助交際と言っていました。アメリカにはプロフェッショナルな売春はあるが、援助交際はないそうです。特に中流階級の女子高校生が援助交際をしてお金をもらうというのは、全然聞いたことがないと言っています。
井上：いま、大学生でも風俗で働くというケースが結構、多いです。奨学金の返済がすごく大変なので。結構ちゃんとした大学の女子学生が風俗で働いたりしています。その性風俗に勤めるときの面接で、「店長に強姦されてしまった」と相談にきた大学生のケースもあります。ワンストップセンターに相談にきて警察に被害届を出す人もいますが、それはほんの一部で、諦める人のほうが多い。「そんなところに勤めようと思ったから被害に遭ってしまったのだ」と自分を責めてしまうからです。

日本のコミュニケーションは「場の空気を読むこと」

井上：要するに日本でのコミュニケーションとは、「場の空気を読む」ことで、自己主張をすることではない。コミュニケーション力が高いということは、相手がどう思っているのかを読んで相手を傷つけないようにできる能力のこととされている。ある女子大生が同じサークルの男子学生に強姦された。「場の空気を読んで」相手を告発しないほうがいいかと思ったが、「やっぱり許せない」と思ったので、顧問の先生に相談したら「もともとはいいヤツだから許してやれ」と言われた。これはセカンド・レイプ（二次加害）です。彼女は悶々としたが、「やっぱりおかしい」ということでワンストップセンターに相談にきたんです。私の世代は、戦争に負けてアメリカの教育が入ってきたときだったので、「自己主張をすることがＯＫ」ということになり、わりに自由にやってきたのです。

Ｑ：また変わりましたか？

井上：また元に戻ってしまいましたね。自己主張じゃなくて、その場が丸く収まる「協調性」ばかりを優先させてしまう。でも、それは他者尊重ばかりで、自己尊重をしていないということにもなる。戦前の日本の教育に戻ってしまったようにも思います。また、フェミニズムという言葉を大学生が知りませんね。「フェミニズムって、ちょっと変な人がやっていたこと」みたいな感じです。アメリカでは女性差別だけではなくて、黒人、障害者、ＬＧＢＴの人たちなどが互いの違いを認め合って対等に生きるという「第三波フェミニズム」が若者世代で盛り上がっています。「いいフェミニストではないけれど、私なりの個性のあるフェミニストでありたい[18]」という『バッド・フェミニスト』の著者ロクサーヌ・ゲイなどはいいですね。

Q：日本で女性の管理職比率が低いということについてはいかがですか？

井上：私は、初めに京都市役所にバイトで入って、試験を受けて準職員になったのですが、茶わん洗いとか掃除ばっかりさせられて二年で辞めました。それから大学院に行ってカウンセラーになり、だいぶ時間がかかりましたが、仲間たちと一緒にウィメンズカウンセリング京都を立ち上げました。いまセンターで中心的にやっているスタッフは、それまで男性中心の会社や新聞社などに勤めていた女性たちですが、女性は「仕事をさせてもらえない、上にあがれないから」ということで仕事を辞めて、カウンセラー養成講座を受け、「やりがいがある面白い仕事をしたいから」とここにきてくれた。

Q：地位よりも仕事の内容を女性は重視する。両立支援も重要だけど、でも、それだけじゃ女性は仕事にやりがいが感じられないので離婚する。上にいく女性を育てることができないんです。

井上：そこをもうちょっと考えなきゃだめですよね。社会全体でね。

Q：男性も既得権益を守るために、女性の昇進を歓迎していないところがある。

女性の意識にも問題がある

井上：でもね、いま「イクメンに賛成」と言うのは大卒の男子のほうが多いともいわれています。

差別されている女性のほうが「女らしさがいい」と思って育ってきたので、「平等だから外で働け」と言われることに意外と反発しているとも聞きます。

Q：面白いですね。経済学者の研究論文でも、「男性に家事をやれやれ」って言っているけれど、家事役割を積極的に引き受けている女性側の問題は棚上げにされている、そこも問題ではないかと指摘していて、面白いなと思いました。男女ともに社会規範をどう変えていけるのかが問われているのですよね。

必要なのは異なる人々がつながるダイバーシティ&インクルージョン

井上：そう、男性だけの問題じゃない。女性も既得権を手放していない。そういう意味でどうやって壁を乗り越えるのかっていうのはやっぱり「ジェンダー教育」ですよね。それも小・中学校の早い段階から必要ですね。ただ、それは男性と女性だけのジェンダーじゃなくて、やっぱりダイバーシティ&インクルージョンという視点から、いろいろな差別があるなかでの一つとして「女性差別をやめましょう」と言うほうが説得力がありますね。LGBTの人とか、いろいろそういう人とも手をつないでね。

Q：日本の社会は多様にはなってきていますが、それぞれが分断されてつながっていないように思います。そこをつなぐことが必要なのですね。

つらい経験を乗り越えて自分の成長につなげる

井上：私は、性暴力被害者のカウンセリングでも、「あなたは悪くない」「悪いのは男性、加害者のほうです」と言うのですが、「百回、そう言われてもそれだけでは癒やされない」と言う被害女性もいます。性暴力とひと言でいっても、被害の状況や加害者との関係性、支援者の有無、回復の道筋も一人ひとり違うんです。その違いをもっと大事に考えていかないと、簡単に「女性差別、はい、男女平等」という視点からだけで被害者支援はできない。そういう意味での個の違いを大切にするダイバーシティの視点は、とても大事だと思っています。

Q：そうですよね。女性のなかに多様性があり、それが大きくなっていると感じます。

井上：性暴力被害を受けていても、普通の幸せな家庭に育った子もいれば、親に虐待されたうえに幼児期に性暴力被害に遭ったという女性もいる。一人ひとり回復プロセスも違う。性暴力被害の後遺症としてのＰＴＳＤ（心的外傷後ストレス障害）という症状があるのですが、ＰＴＧという言葉もあります。Post Traumatic Growth（心的外傷後成長）という意味です。心的外傷体験を受けたからこその成長を示す言葉なのです。

Q：すばらしいですね。

井上：私はいつも被害女性に、「こんなにひどい事件に遭ったのだから絶対にもとを取ってね」と言ってきたのです。傷ついているだけじゃなくて、そこから何か力をもらって、新しい自分になってほしい、と。このＰＴＧの考え方は、特に若い子に受け入れられるようです。事件後早期にフェミニスト・トラウマカウンセリングを開始すると、ＰＴＳＤからも短い時間で回復して「私、次にいきます」とＰＴＧの話になりますね。

Ｑ：「もとを取る」っていうのはいい表現ですね。振り返ってみると、いろんなこともあったけれど、でも、それが自分の成長につながっている。

井上：そうそう、絶対つながる。それは時間がかかる場合もあれば、短い場合もある。特に若ければ回復も早いですね。でも、それは自分一人ひとりの物語で、それぞれに違う。カウンセリングにきてくれた女性でフェミニスト・カウンセリングにすごく興味をもってくれて、それに関連したテーマで彼女は修士論文を書いてくれました。そんなふうに一人ひとりの成長に関われることは、私の喜びですね。

Ｑ：今日はお忙しいなか、お時間をいただきありがとうございました。

井上氏の話を聞くと、日本の女性活躍の段階が進み、政策や制度、あるいは女性労働者を活用する上司の意識改革ということを超えて、女性にも意識転換を求める時代に入ったのだということがよくわかる。

しかし、それは女性も男性も働く時代になったというだけではなく、脱工業（化）社会になって、男性も女性も自立した個人として自分の人生を引き受ける時代がきたことを意味する。そのためには、あえて空気を読まずに、自分を尊重することが大切という井上氏の指摘は重い。

その選択を尊重して、対等なコミュニケーションをとることで違いを認め合う社会が作られる。

その先に、性差を超えて、リーダーにふさわしい人が組織のトップに立つ社会があり、それが指導的立場の女性の比率を上昇させるのである。

また、脱工業社会では（時代に合った）夫婦の関係も変わる。おかしいと思ったことは互いに話し合い、対等なパートナーシップを築く時代になったのだ。

そのような対等な関係を築くことは容易なことではない。しかし、その先に、私たち一人ひとりが個としてのアイデンティティーを確立させ、人間として成長し、それぞれが自己効力感をもつことができる社会が存在する。

おわりに

二〇〇七年をピークに、日本の人口は減少傾向に転じている。これからの日本社会はダイバーシティをいかに社会に広め、一人ひとりが尊重される社会を作ることができるのかが大きな課題になる。管理職に女性が増えるということは、多様性が尊重される社会を実現するための一つの試金石になるのだろう。

本章では、そのような組織や社会の実現のために何が必要なのかを探った。これまで女性活躍というと、そのためにどのような政策や制度を整えたらいいのかという議論が多かった。しかし、それだけでは女性の活躍は実現されない。男女ともに既存のジェンダー意識を問い直す新たな段階に入っているからである。

　そのことを社会で認識し、井上氏が指摘するように早い段階からジェンダー教育をおこない、性差を超えて、個人の違いを尊重する新しい社会を作ることが必要なのだ。教育も含めて社会が価値転換をしていくその入り口に、いま私たちは立っているのではないだろうか。

注

(1)「社説」「朝日新聞」二〇一八年八月十二日付

(2) Claudia Goldin, "The Quiet Revolution That Transformed Women's Employment, Education, and Family," *American Economic Review*, 96(2), 2006, pp. 1-21.

(3) アーリー・ラッセル・ホックシールド『タイム・バインド働く母親のワークライフバランス――仕事・家庭・子どもをめぐる真実』坂口緑／中野聡子／両角道代訳、明石書店、二〇一二年

(4) イエスタ・エスピン゠アンデルセン『平等と効率の福祉革命――新しい女性の役割』大沢真理監訳、岩波書店、二〇一一年

(5) Gosta Esping-Andersen and Francesco C. Billari, "Re-theorizing Family Demographics," *Population and Development Review*, Vol.41, 2015, pp. 1-31.

(6) 筒井淳也『仕事と家族――日本はなぜ働きづらく、産みにくいのか』(中公新書)、中央公論新社、二〇一五年

(7) Setsuya Fukuda, "The Changing Role of Women's Earnings in Marriage Formation in Japan," *The*

Annals of the American Academy of political and Social Science, 646(1), 2013, pp. 107-112.
（8）「朝日新聞」二〇一八年八月八日付
（9）「朝日新聞」二〇一八年十二月十日付
（10）Sylvia Ann Hewlett and Laura Sherbin, *Off-ramps and on-ramps Japan: keeping talented women on the road to success*, Center for Work-Life Policy, 2011.
（11）岩田正美／大沢真知子編著、日本女子大学現代女性キャリア研究所編『なぜ女性は仕事を辞めるのか――5155人の軌跡から読み解く』（青弓社ライブラリー）、青弓社、二〇一五年、山口一男『働き方の男女不平等――理論と実証分析』日本経済新聞出版社、二〇一七年
（12）ロバート・K・マートン『社会理論と社会構造』森東吾／森好夫／金沢実／中島竜太郎訳、みすず書房、一九六一年
（13）本間道子「我が国におけるリーダーシップの現状と社会心理学的背景」、日本女子大学現代女性キャリア研究所編「日本女子大学現代女性キャリア研究所紀要」第二号、日本女子大学現代女性キャリア研究所、二〇一〇年
（14）酒井順子『男尊女子』集英社、二〇一七年
（15）日本労働組合総連合会「ハラスメントと暴力に関する実態調査」（https://www.jtuc-rengo.or.jp/info/chousa/data/20171116.pdf）［二〇一九年二月四日アクセス］
（16）NIKKEI STYLE「6割超が我慢「仕事に影響」働く女性セクハラ調査」（https://style.nikkei.com/article/DGXMZO29923370X20C18A4TY5000）［二〇一九年二月四日アクセス］
（17）大藪順子『STAND――立ち上がる選択』いのちのことば社フォレストブックス、二〇〇七年
（18）ロクサーヌ・ゲイ『バッド・フェミニスト』野中モモ訳、亜紀書房、二〇一七年

参考文献

君嶋護男／北浦正行『セクハラ・パワハラ読本――職場のハラスメントを防ぐ』日本生産性本部生産性労働情報センター、二〇一五年
日本女子大学現代女性キャリア研究所「女性のキャリア支援と大学の役割についての総合的研究――「女性とキャリアに関する調査」結果報告書」日本女子大学現代女性キャリア研究所、二〇一三年（http://riwac.jp/admin/wp-content/uploads/2013/09/42d39e0280fb5e4999d6544a80d629d31.pdf）

［編者略歴］

日本女子大学現代女性キャリア研究所

（にほんじょしだいがくげんだいじょせいキャリアけんきゅうじょ）

2008年に設立。初代所長・岩田正美（2008年4月―13年3月）、前所長・大沢真知子（2013年4月―21年3月）、現所長・坂本清恵（2021年4月―）。現代の女性とキャリアを取り巻く諸問題を調査・研究し、その成果を広く社会へ発信して女性がもてる能力を全面的に発揮できる社会の実現に貢献することを目的とする。ウェブサイト（http://riwac.jp/）

［著者略歴］

坂田桐子（さかた きりこ）

1964年、広島県生まれ

広島大学大学院総合科学研究科教授

専攻は社会心理学

著書に『社会心理学におけるリーダーシップ研究のパースペクティブ』Ⅰ・Ⅱ（ナカニシヤ出版）、論文に「選好や行動の男女差はどのように生じるか」（「日本労働研究雑誌」2014年7月号）など

大槻奈巳（おおつき なみ）

1962年、東京都生まれ

聖心女子大学現代教養学部教授

専攻は社会学、労働とジェンダー、キャリア形成

著書に『職務格差』（勁草書房）、共編著に『大学生のためのキャリアデザイン入門』（有斐閣）、共著に『国際比較 若者のキャリア』（新曜社）、『ジェンダーで学ぶ社会学 全訂新版』（世界思想社）など

本間道子（ほんま みちこ）

1941年、茨城県生まれ

日本女子大学名誉教授

専攻は社会心理学、産業組織心理学

著著に『過密への挑戦』（講談社）、『集団行動の心理学』（サイエンス社）、編著に『組織性逸脱行為過程』（多賀出版）、共著に『こころの世界』（新曜社）など

［編著者略歴］
大沢真知子（おおさわ まちこ）
1952年、東京都生まれ
2021年3月31日まで日本女子大学人間社会学部教授、日本女子大学現代女性キャリア研究所所長を兼任。現在は同大学名誉教授
専攻は労働経済学
著書に『女性はなぜ活躍できないのか』（東洋経済新報社）、『日本型ワーキングプアの本質』（岩波書店）、共編著に『なぜ女性は仕事を辞めるのか』（青弓社）、共著に『妻が再就職するとき』（NTT 出版）など

青弓社ライブラリー96

なぜ女性《じょせい》管理《かんり》職《しょく》は少《すく》ないのか
女性の昇進を妨げる要因を考える

発行———2019年3月27日　第1刷
　　　　2021年7月28日　第3刷
定価———1600円＋税
編著者——大沢真知子
編者———日本女子大学現代女性キャリア研究所
発行者——矢野恵二
発行所——株式会社青弓社
〒162-0801 東京都新宿区山吹町337
電話 03-3268-0381（代）
http://www.seikyusha.co.jp
印刷所——三松堂
製本所——三松堂

ISBN978-4-7872-3450-6　C0336